에그박사의 닮은꼴 사파리

전/격/비/교/관/찰 생물도감

에그박사 지음 | 유남영 그림

다락원

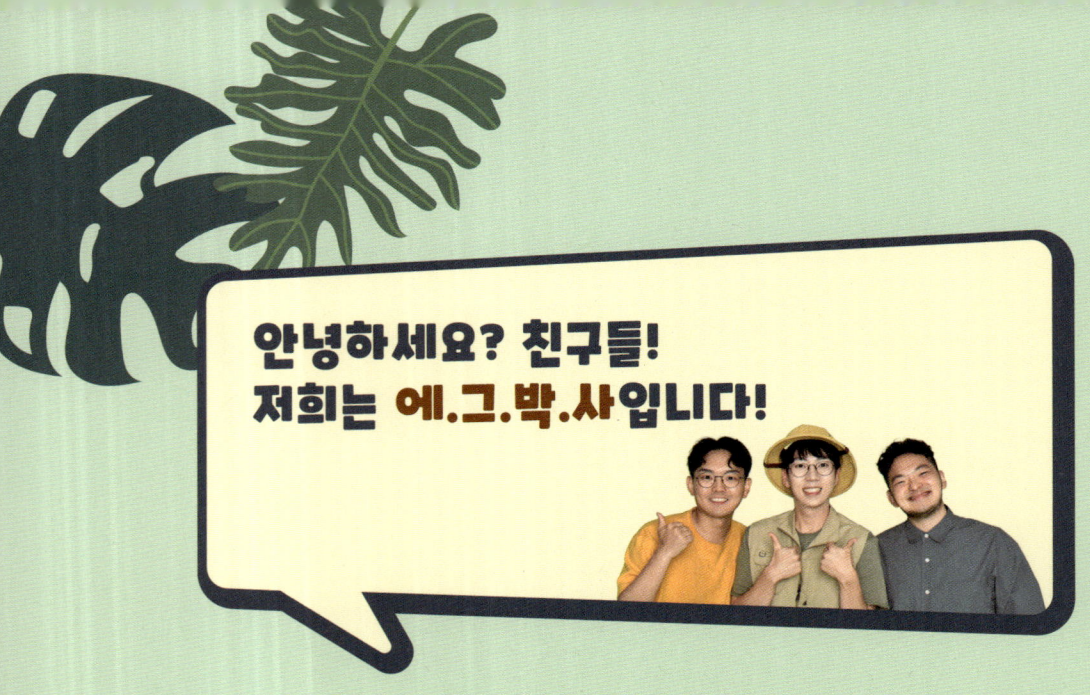

안녕하세요? 친구들!
저희는 에.그.박.사입니다!

우리 지구에는 다양한 생물들이 존재하는 만큼 비슷한 생물들도 많습니다.
그래서 자연 생물에 관심이 있다면 한 번쯤 이런 생각을 해 본 적 있으실 거예요.

헤라클레스왕장수풍뎅이와 케이론청동장수풍뎅이가 싸우면 누가 이길까?
수달과 해달의 차이점은?
다람쥐랑 청설모는 어떤 점이 다를까?
돌고래와 범고래를 쉽게 구별하는 방법은?

이렇게 단순하지만 시원하게 풀지 못했던 궁금증이 있습니다.
이런 찝찝한 궁금증을 해결하는 책이 꼭 나왔으면 좋겠다…라는 생각을 했습니다.
그래서 비슷한 생물들을 재밌는 그림으로 비교해 보는 책『에그박사의 닮은꼴 사파리』를 출간하게 되었습니다.

이 책에서는 섬세하고 생생한 그림과 재밌고 간결한 설명으로 서로 닮은 생물들을 비교하며 알아갈 수 있습니다. 결정적인 한 가지 차이점만 알면 생물들을 쉽게 구별할 수 있어요! 또, 에그박사 채널 영상에 나왔던 생물뿐만 아니라, 보기 힘들었던 생물들도 이 책에서 만나 보실 수 있어요.

그럼, 지구에 있는 모든 생물이 친구가 될 때까지 에그박사와 함께해요!!

에그박사

닮은꼴 사파리의 가이드를 소개합니다!!

에그박사

에그박사 팀의 메인 '에그'를 담당해요.
얼굴이 달걀을 닮아서 어릴 때부터 '에그'라는 별명을 가졌어요.
팀에서 '하이톤'과 '꾸러기'를 담당하고 있어서 진행자로
최적화된 비주얼을 장착하고 있어요! 하지만 입술 깨물기는
하지 않으니 안심하세요. ^^

양박사

세 번 중 한 번은 동영상에 모습을 보여요. 트레이드마크는 가지런한 수염!
간혹 산적으로 오해(?)를 받지만, 팀에서 '귀여움'을 도맡고 있어요.
(믿어 주세요.ㅠㅠ)
에그박사 팀에서 '개방정'과 '재치' 지수가 제일 높아서 재미있는
에그박사 영상은 모두 양박사의 손에서 탄생한답니다!

웅박사

카메라를 늘 손에 들고 있어서 영상에서 웅박사 모습은 잘 보이지 않아요.
하지만 친구들과 항상 함께하고 있어요. (윽! 느끼해! ^^)
믿기 힘들겠지만, 팀에서 실질적인 '브레인'을 담당하고 있어요. 그래서 이 책도
웅박사가 중심이 되어 집필하였어요. 안경 쓴 모습이 똘똘이 이미지와 찰떡이지요?
곤충, 자연과 관련된 응용생물학을 전공해서 생물 지식이 아주 풍부하답니다!
궁금한 생물이 있으면 언제든지 물어 주세요!
(힝! 깨무는 거 말고~)

에몽이

에그박사 팀의 마스코트예요. 에몽이의 정체는?
바로 달걀 탈을 쓴 사슴벌레예요! 에그박사가
슬플 때나 기쁠 때 항상 함께해 주는 친구랍니다!

와~~ 책을 들여다보니 자세한 그림과 내용으로 쏙쏙 들어오는 게 생물에 대한 지식이 머릿속에 잘 들어오는 것 같아요~~! 유튜브에서 못 본 내용도 많아서 더 참신하게 봤습니다! 에그박사님 책이라니 당연 추천! 또 추천!
▶ 정브르

에그박사 팀의 생물에 대한 다년간의 경험과 지식을 어린 친구들이나 입문자들이 이해하기 쉽도록 핵심적인 부분을 잘 요약한 책인 듯합니다. 이 책을 통해 더 많은 친구가 생물을 이해하고 관심을 두는 계기가 되었으면 합니다.
▶ TV생물도감

정확한 지식을 쉽고, 재미있게 전달하는 것은 참 힘든 일이죠. 『에그박사의 닮은꼴 사파리』는 헷갈릴법한 동물들을 비교하는 방식으로 생물학적 지식을 흥미진진하게 풀어냈습니다. 어렸을 때로 돌아간 듯 저도 시간 가는 줄 모르고 읽었습니다. 미래의 생물학자를 꿈꾸는 아이들이라면 한 번쯤 읽어 봐야 하지 않을까요?
▶ 서울대학교 곤충학 박사 이승현

여기가 바로 닮은꼴 사파리!!

1 물방개 vs 물땡땡이 _ 12

2 물장군 vs 물자라 _ 16

3 헤라클레스왕장수풍뎅이 vs 케이론청동장수풍뎅이 _ 20

4 사슴벌레 vs 장수풍뎅이 _ 24

5 양봉꿀벌 vs 꽃등에 _ 28

6 왕지네 vs 그리마 _ 32

7 왕사마귀 vs 게아재비 _ 36

8 소똥구리 vs 뿔소똥구리 _ 40

9 호랑나비 vs 산호랑나비 _ 44

10 장수하늘소 vs 하늘소 _ 48

11 표범 vs 치타 _ 54

12 고릴라 vs 침팬지 _ 58

13 알파카 vs 라마 _ 62

14 자이언트판다 vs 레서판다 _ 66

15 삵 vs 스라소니 _ 70

16 다람쥐 vs 청설모 _ 74

17 검독수리 vs 독수리 _ 78

18 고리도롱뇽 vs 꼬리치레도롱뇽 _ 82

19 도마뱀붙이 vs 표범장지뱀 _ 86

20 까치살모사 vs 유혈목이 _ 90

수서생물관

21 수달 vs 해달 _ 96

22 비버 vs 뉴트리아 _ 100

23 물개 vs 물범 _ 104

24 돌고래 vs 범고래 _ 108

25 듀공 vs 매너티 _ 112

26 맹꽁이 vs 두꺼비 _ 116

27 남생이 vs 붉은귀거북 _ 120

28 큰입우럭 vs 쏘가리 _ 124

29 낙지 vs 문어 _ 128

30 일각돌고래 vs 청새치 _ 132

물방개 vs 물땡땡이

물장군 vs 물자라

헤라클레스왕장수풍뎅이 vs 케이론청동장수풍뎅이

사슴벌레 vs 장수풍뎅이

양봉꿀벌 vs 꽃등에

왕지네 vs 그리마

왕사마귀 vs 게아재비

소똥구리 vs 뿔소똥구리

호랑나비 vs 산호랑나비

장수하늘소 vs 하늘소

그럼 이렇게 귀여운 물방개와 물땡땡이가 물속에서 어떻게 다르게 살아가는지 알아볼까요?

레츠 꼬우~

싱크로율 90%
구별 난이도 ★★☆☆☆

흥! 기분 나빠!

물방개보다 **짧은 더듬이**를 가졌지만, 레이더 역할을 하기엔 충분해!

물땡땡이

물땡땡이는 **수초를 우아하게 뜯어 먹는 연못의 꽃(?) 사슴!**
연못의 수초에 붙어서 수초를 갉아 먹어!

매끈매끈한 **딱지날개**와 **몸통**은 마치 럭비공 같은 느낌이야!

추천 영상 Q!

오, 롱다리!
수초에 매달리기에 최적화된 길쭉한 **롱다리**! 수영할 땐 양발을 허우적대서 물방개보단 수영 하수야.

배 밑에 **공기를 저장**하기 때문에 배 부분이 은빛으로 반짝거려!

옛 선조들은 '보리방개'라고 불렀는데 물방개와 달리 구워 먹으면 맛이 없어서 '똥방개'라고도 했어!

퉤! 뭐야! 똥 맛이잖아!

그럴 거면 먹질 말던가!

결정적 차이! 수영을 잘하면 물방개! 수영을 못하면 물땡땡이!

물방개와 물땡땡이의 가장 큰 차이점은 바로 수영 실력!!
주로 육식을 하는 물방개는 물속에서 다른 곤충이나 동물들과 먹이를 두고 싸워야 해서 무엇보다 스피드가 중요해.

그래서 뒷다리가 다른 다리에 비해서 엄청나게 크게 발달해 있어! 두껍고 튼튼한 뒷다리를 동시에 노처럼 저어서 쏜살같이 헤엄쳐 가지.

반면에, 주로 초식을 하는 물땡땡이는 수초에 매달려 있기 편하게 모든 다리가 길게 골고루 잘 발달해 있어. 하지만 수영할 때는 강아지처럼 첨벙첨벙 수영해서 물방개보다 수영을 못해.

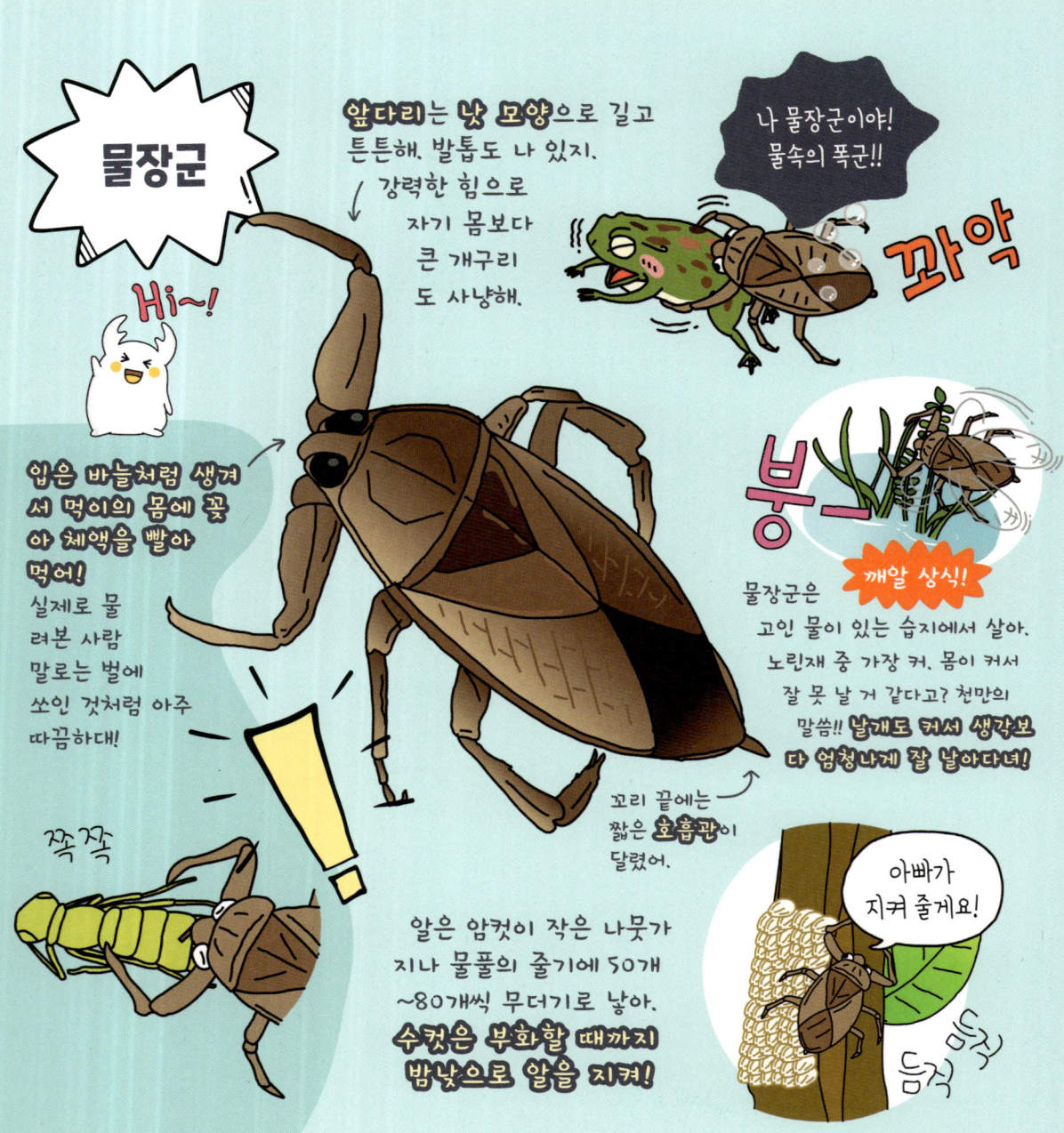

자, 그럼 이 무시무시하고도 부성애 가득한
포식자들을 서로 어떻게 구분하는지 알아볼까요?

싱크로율 70%
구별 난이도 ★★☆☆☆

무브 무브~

등에 올록볼록 난 것은 바로 알!
암컷은 짝짓기하고서 수컷의 등에
알을 낳아!! 그러면 수컷은
알을 등에 붙이고 다니면서
알을 지키지!

우리 아기 잘 부탁해~ 자기~

물자라

윽! 아 윌 비 백~ 계곡은 싫어!

추천 영상 Q!

앞다리는 낫처럼 생겼어! 작은 물
고기나 올챙이를 낚아챌 때
아주 유용해! 하지만 조금
짧은 편이라 다 잡은 물고
기를 놓쳐 버리는 불상사가ㅠㅠ

중간 다리와 뒷다리는
얇지만, 수초에 잘 매
달릴 수 있도록
도와줘! 물이
흐르는 계곡보
다 물이 흐르지 않는
연못을 더 좋아해.

악! 내 점심~

메롱~

앞다리만 길었어도....

쪽 쪽

물자라, 물장군 둘
다 엉덩이에 숨을 쉴 수
있는 **호흡관**이 있어. 수영
을 잘하는 편이 아니라서 깊은
물속보다는 얕은 곳을 좋아해!

**뾰족한 입을 찔러서 소화액을
넣어 체액을 빨아 먹어.**

?!

17

결정적 차이! 몸집이 크면 물장군! 몸집이 작으면 물자라!

가소로운 것!
ㅋㅋㅋ

엄청 크네)!

물장군과 물자라의 가장 큰 차이점은 몸 크기!!

물자라는 몸길이가 17mm~20mm 정도인 반면에, 물장군의 몸길이는 48mm~65mm 라고 해요!

무려 3배 이상 차이가 난다고요!

덥썩

으싸~

그래서 힘은 누가 더 셀까요? 당연히 물장군이에요!

물자라는 자기 몸집보다 작은 송사리, 수서 곤충, 올챙이 등을 잡아먹지만, 물장군은 자기 몸집보다 큰 개구리나 거북이, 뱀까지 잡아먹어요!

이렇게 힘이 센 물장군이지만 인간의 욕심과 환경오염 때문에 **멸종 위기 야생 생물 2급**으로 지정되어서 보호받는 곤충이 되어 버렸어요. ㅠㅠ

물자라는 아직 흔하게 볼 수 있는 곤충이니 참 다행이에요!

또 물자라네? 어딨니? 물장군~

훗! 끝까지 살아남은 최후의 승자는 나라고 나! 까불고 있어!

에그박사의 이상한 생물 상식!

물방개, 물자라! 너네 완전 변태야?

물장군과 물자라는 어떻게 성장할까요?
이 둘은 번데기 과정이 없이 모습이 크게 변하지 않고 성충이 되는 **불완전 변태(불완전 탈바꿈) 곤충**이에요! 애벌레에서 여러 번 탈피하며 성충이 되지요!

"영락없는 내 아들, 딸이구먼!"

★여기서 변태란!
어릴 때의 모습과 성충이 되었을 때 모습이 크게 바뀌는 현상을 말해요!

반면에 나비와 딱정벌레 같은 곤충들은 번데기 과정을 반드시 거치는 **완전 변태(완전 탈바꿈)를 하는 곤충**이에요! 번데기 과정이 있어서 어른벌레가 되었을 때 모습이 완전히 달라요!

"아빠! 아빠! 엄마! 엄마!"

"모습은 다르지만 이쁜 내 새끼들~"

이렇게 완전 변태인 곤충과 불완전 변태인 곤충들이 있으니 어떤 것은 번데기가 안 됐다고, 어떤 것은 탈피를 안 한다고 실망하지 마세요!

"난 탈피를 했지!"

"난 번데기였어!"

불완전 변태(불완전 탈바꿈)를 하는 곤충들

완전 변태(완전 탈바꿈)를 하는 곤충들

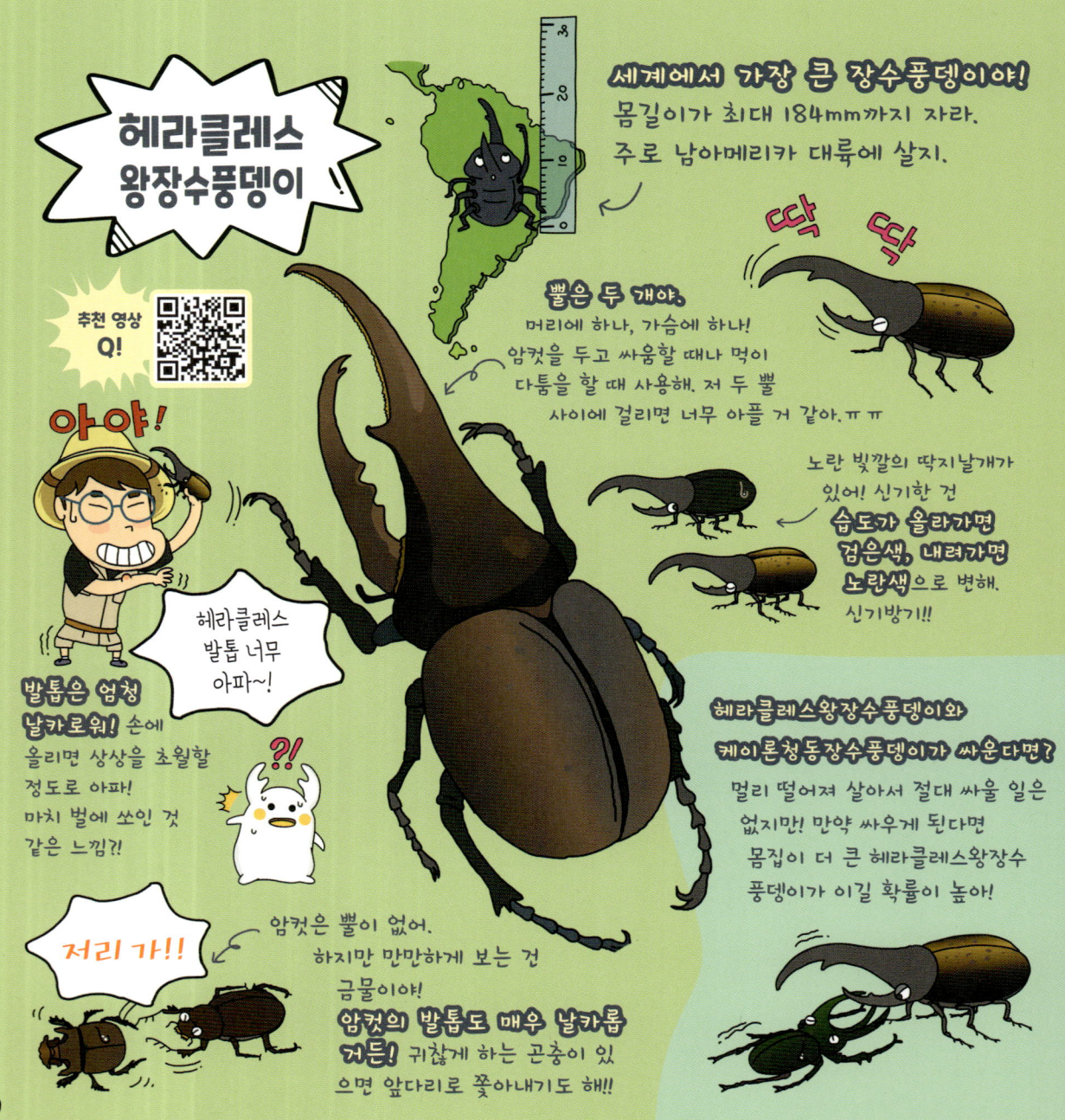

남아메리카 대륙의 최강자! 헤라클레스왕장수풍뎅이!
동남아시아 대륙의 최강자! 케이론청동장수풍뎅이!
각 대륙을 대표하는 장수풍뎅이 중 누가 과연 더 최강자일까요?

싱크로율 50%
구별 난이도 ★★☆☆☆

히얼위고!

케이론청동장수풍뎅이

더우면 못 살아.

별명은 손톱깎이!!
가슴과 딱지날개 사이는 꽤 날카로워서 그 사이로 손톱을 넣으면 손톱이 똑! 하고 잘린다고 해서 붙여진 별명이야!

추천 영상 Q!

몸길이가 최대 135mm까지 자라. 몸 빛깔은 청동색!
고산 지대에 살고 있어서 생각보다 시원한 곳을 좋아해.

3개의 큰 뿔이 특징!
사실 가슴에 하나 더 있어서 총 4개야! 이 뿔은 암컷을 차지할 때나 먹이 다툼할 때 사용하는 무기지!!

어딜, 내꺼야!

꽤액!

퍽

쨉! 쨉! 나 권투 좀 했다고!!

앞다리가 길고 날카로워서 손에 올려놓으면 살점이 뜯기기도 해. 긴 앞다리는 몸을 더 크게 보이도록 해서 적으로부터 몸을 보호할 때 쓰여.

암컷은 뿔이 없고 딱지날개에 황금색 털이 있어! 부엽토에 알을 낳는데, 최대 100개 이상까지 낳을 수 있어!!

내 아이들아, 잘 자라렴~

21

결정적 차이! 큰 뿔이 두 개면 헤라클레스! 큰 뿔이 세 개면 케이론!

헤라클레스왕장수풍뎅이와 케이론청동장수풍뎅이의 큰 차이점은 바로 뿔의 개수!!

헤라클레스는 머리에 한 개의 큰 뿔, 가슴에 큰 뿔이 하나 있지만 케이론은 머리에 한 개의 큰 뿔과 가슴에 두 개의 큰 뿔이 있어요!

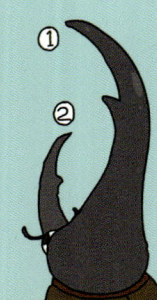
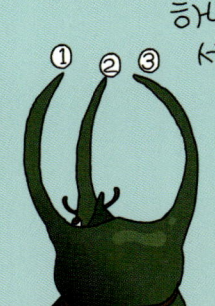

하나 두울.. 세엣..

그리고 딱지날개 색깔도 달라요!

헤라클레스의 딱지날개는 건조할 땐 노란색, 습할 땐 검은색이에요. 케이론은 건조하거나 습한 것과는 상관없이 항상 청동색에 가까운 검은색을 띠고 있어요!

후후! 난 습기를 감지한다고. 넌 이런 기능 없지?!

난 영롱한 청동색이야. 얼룩덜룩한 네 딱지와는 차원이 달라!

반짝 반짝

또, 사는 지역도 큰 차이가 있어요!

동남아시아 일대는 케이론청동장수풍뎅이! 남아메리카 일대는 헤라클레스왕장수풍뎅이!가 주름잡고 있어서 사실 이 둘은 자연에서는 절대 만날 수 없는 사이예요!

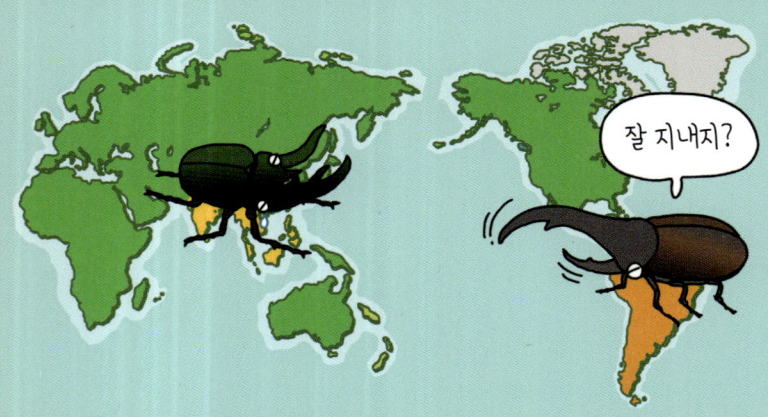

잘 지내지?

에그박사의 이상한 생물 상식!

장~수 하니까 이름에 '장수'를?

장수잠자리, 장수하늘소, 장수풍뎅이, 장수말벌!

유독 곤충의 이름에 '장수'라는 단어가 많이 들어가 있어요! 장수풍뎅이 이름에 '장수'가 들어간 이유가 뭘까요?

국어사전을 찾아보면 '장수'라는 뜻이 크게 2개 있어요.

난 용감한 장수!

우린 오래 사는 장~수!

오~ 이럴 땐 박사님 같으세용~

1. 장수
: 전쟁에서 싸우는 장수
= 장군

2. 장수
: 수명이 길다
= 오래 산다

하지만 가만히 생각해 보면 오래 사는 곤충은 없어요! 대부분 한 계절이 지나면 알을 낳고 생을 마감하니까요. ㅠㅠ
그래서 대부분 '장수'라는 단어를 가진 곤충은 크기가 크고 우람하고 싸움도 잘 하는 곤충이 많아요!

자, 곤충 이름에 들어가는 '장수'는 전쟁에서 싸우는 장군을 뜻한다는 말인 거 다들 아셨죠?!

우리가 제일 잘나가!

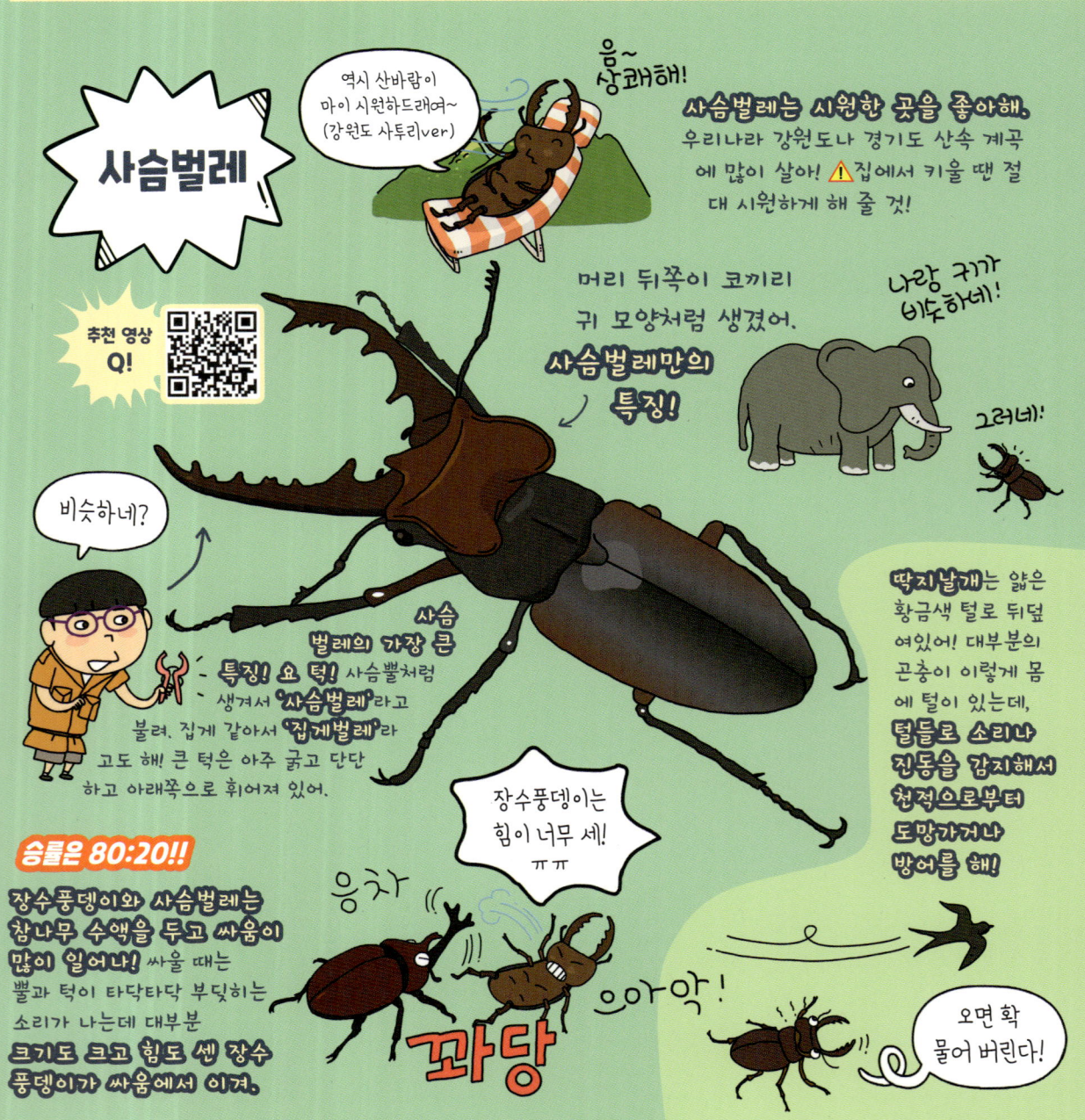

참나무 수액을 두고 싸우는 숨 막히는 결투!
과연 승자는 누구일지 알아보러 가~ 봅시다!!

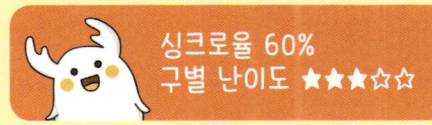
싱크로율 60%
구별 난이도 ★★★☆☆

고고씽!

장수풍뎅이

하하, 여기 사인이요~

장수풍뎅이는 크기도 크고 힘도 센 곤충 중 하나라 참나무 숲의 핵인싸야.

집에서 키우기도 쉬워서 **반려 곤충**으로 딱이야!

머리에 큰 뿔과 가슴에 작은 뿔, 총 2개의 뿔이 있어.

투구를 쓴 것 같다고 해서 **투구벌레**라고 해!

추천 영상 Q!

알고 있니?

다리는 힘이 굉장히 세!
나무에 붙어 있는 장수풍뎅이를 억지로 떼면 발톱이 떨어질 수도 있으니 조심조심 다뤄 줘야 해!

난 적갈색 / 난 흑갈색

몸 색깔은 적갈색이거나 흑갈색인데 사는 곳마다 조금씩 차이가 있어!

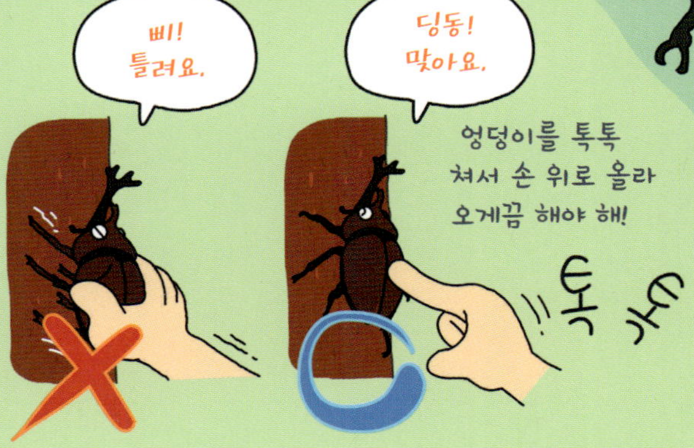

삐! 틀려요.

딩동! 맞아요.

엉덩이를 톡톡 쳐서 손 위로 올라오게끔 해야 해!

톡톡!!

수컷은 33mm~80mm까지 자라. 애벌레 크기도 어마어마해.

우린 왕왕 크지!!

에그박사의 이상한 생물 상식!
장수풍뎅이와 사슴벌레는 어떻게 키울까?

발효 톱밥 높이는 20cm 정도만~

장수풍뎅이는 부엽토(흙)에 알을 낳기 때문에 '발효 톱밥'을 사육통에 넣어 줘요. 발효 톱밥 높이를 20cm 이상 깔아 주면 암컷이 알도 낳을 수 있어서 귀여운 애벌레도 볼 수 있어요! 참! 놀이목도 꼭 넣어 줘야 해요. 그래야 발톱이 튼튼해져서 빠지지 않는대요.

★ 준비물
곤충 젤리, 놀이목, 발효 톱밥

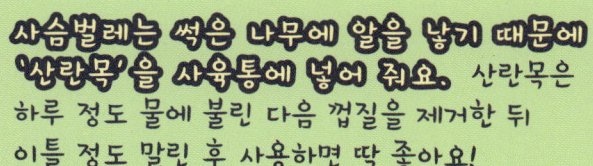

사슴벌레는 썩은 나무에 알을 낳기 때문에 '산란목'을 사육통에 넣어 줘요. 산란목은 하루 정도 물에 불린 다음 껍질을 제거한 뒤 이틀 정도 말린 후 사용하면 딱 좋아요!

발효 톱밥 높이는 산란목이 거의 덮일 정도만~

★ 준비물
곤충 젤리, 놀이목, 발효 톱밥, +산란목

우리가 반려 곤충으로 제일 인기 많다고!

내 자리 여긴가?

장수풍뎅이 사육은 굉장히 쉬워요! 하지만 사슴벌레는 종류마다 조금씩 다르게 사육해야 해요. 그중 왕사슴벌레와 넓적사슴벌레, 톱사슴벌레가 사육이 쉬운 편이에요. 반려 곤충은 장난감이 아니라는 것! 잘 알지요?

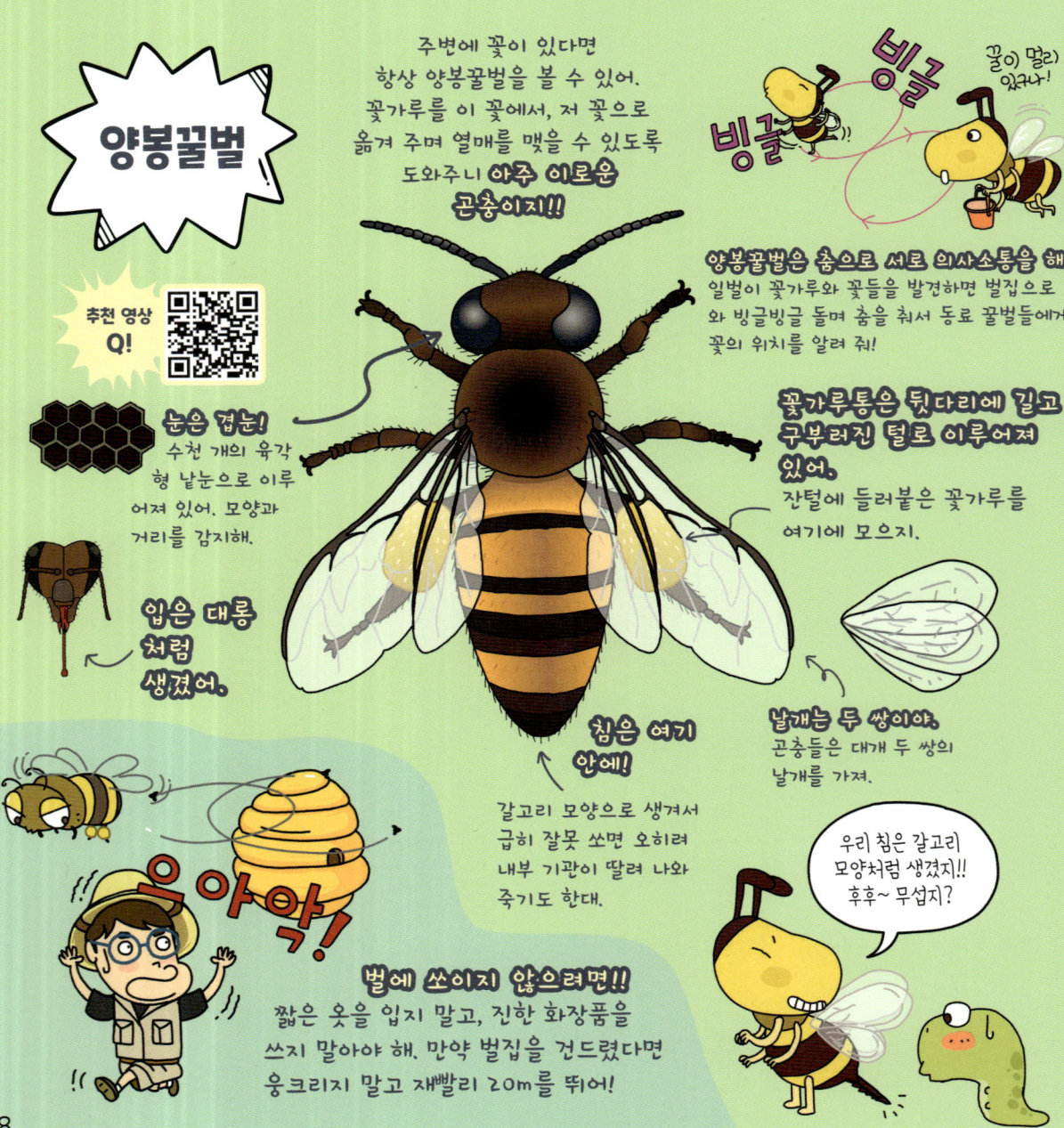

하지만 자세히 보면 아주 쉽게 구분할 수 있답니다!
양봉꿀벌과 꽃등에는 어떻게 다른지 알아볼까요?

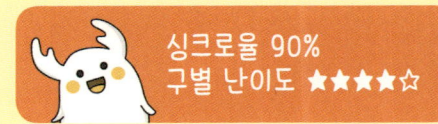
싱크로율 90%
구별 난이도 ★★★★☆

레고 레고~

양봉꿀벌과 가장 비슷한 것은 배의 무늬! 노랑과 검은 줄무늬 때문이야. 이 무늬 덕분에 양봉꿀벌인 척해서 적으로부터 몸을 보호해.

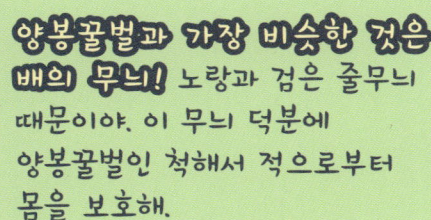
너도 날개가 한 쌍이네!
안녕? 난 벌파리야!
나 파리

어때? 우리 똑같지?
근데 발은 왜 비벼?

꽃등에

추천 영상
Q!

Hi~!

꽃등에는 **평형곤** 덕분에 현란한 곡예비행을 할 수 있어!

날개는 1쌍만 있어! 왜? 파리니까! 그럼 나머지 한 쌍의 날개는 어디 갔냐고? 퇴화하여 평형곤으로 흔적만 남아 있어.

양봉꿀벌처럼 생긴 파리야! '벌파리'라는 별명이 있어. 양봉꿀벌처럼 꽃가루를 옮겨 주지.

입은 주걱 모양처럼 생겼어! 핥아 먹기에 적합해! 꽃을 주로 먹지만, 가끔 동물의 배설물도 먹는다니 막 손으로 잡고 그러면 안 돼. 알겠지?

앙

깨알 상식!

배설물들을 먹는 파리 유충과는 달리, **꽃등에 유충은 나무의 해충인 진딧물이나 깍지벌레를 잡아먹는대!** 참 고맙지?!

?!

꽃이 맛있지만, 꽃만 먹고 살 수는 없지!!

결정적 차이! 날개가 두 쌍이면 양봉꿀벌! 날개가 한 쌍이면 꽃등에!

양봉꿀벌과 꽃등에의 큰 차이점은 바로 날개예요! 양봉꿀벌은 다른 곤충들과 마찬가지로 앞날개 한 쌍, 뒷날개 한 쌍! 총 두 쌍의 날개를 가지고 있어요! 꽃등에는 앞날개 한 쌍만 가지고 있고 퇴화한 날개는 평형을 담당하는 '평형곤'으로 변했어요!

이게 평형곤이구나!

평형곤은 꽃등에나 파리가 날 때 균형을 잡아 줘요. 그래서 꽃등에와 파리들이 유독 곡예비행을 잘한답니다! 덕분에 사람 손에 잡힐 듯 안 잡힐 듯 잘 피해 다니죠.

나 잡아 봐라~!

또 이 꽃 저 꽃 쌩쌩 잘 날아다녀서 '떠돌이 파리'라는 별명이 있어요.

그리고 또! 가장 큰 차이점은 양봉꿀벌은 무리 생활, 꽃등에는 나 홀로 생활을 해요. 양봉꿀벌은 여왕벌, 수벌, 일벌 이렇게 역할이 나누어져 있어요. 꽃등에는 대부분의 곤충처럼 혼자 생활한답니다!

난 알을 낳는 중요한 일을 해.

난 여왕벌과 짝짓기를 해. 눈과 날개가 크지.

난 열심히 꽃가루만 나르네. 아이고, 내 신세야.

에그박사의 이상한 생물 상식!
꽃 VS 초코파이! 양봉꿀벌들의 선택은?

양봉꿀벌들이 제일 좋아하는 것은 무엇일까요?
매일매일 먹는 향긋한 꽃? 아니면 달콤한 향기가 폴폴 나는 초코파이?

자, 그럼 실험해 보자고요~
준비물을 준비해 주세요!

★ **준비물**
향기로운 꽃, 달콤한 초코파이, 달달한 곤충 젤리

그 전에! 양봉꿀벌은? **양봉꿀벌도 물을 먹고 산다는 사실!** 그래서 물이 있는 곳으로 가 포충망을 휘두르면 양봉꿀벌들을 채집할 수 있어요. 하지만 침이 있으니 조심 또 조심하세요! ⚠ (어린이들은 따라 하지 마세요~)

양박사 잘한다!

박사님들 이렇게 꿀벌을 잡으시는 거예요~ 하핫

이제, 양봉꿀벌을 실험통 안에 집어넣었더니! 아니, 뜻밖의 결과가!! **양봉꿀벌들은 향기로운 꽃보다는 달콤한 초코파이를 더 좋아하는 사실!** 평상시에 먹는 꽃가루보다 특별식인 초코파이가 더 좋은가 봐요. **역시 양봉꿀벌들은 달콤한 것을 더 좋아하네요!**

심지어 무시무시한 독도 있다는데, 이 친구들은 어떻게 다르고 어디에서 살아가는지 알아볼까요?

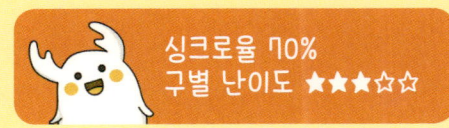
싱크로율 70%
구별 난이도 ★★★☆☆

레츠 꼬우~

그리마

모기 살려~ 얌 얌

여기서 퀴즈!

그리마의 다리는 몇 개 일까? 총 30개, 15쌍의 다리를 가지고 있어! 왕지네보다 숫자는 적지만 웨이브를 타며 빨리 움직여서 순간 50개처럼 보인다고 해서 **쉰발이** 라고도 해.

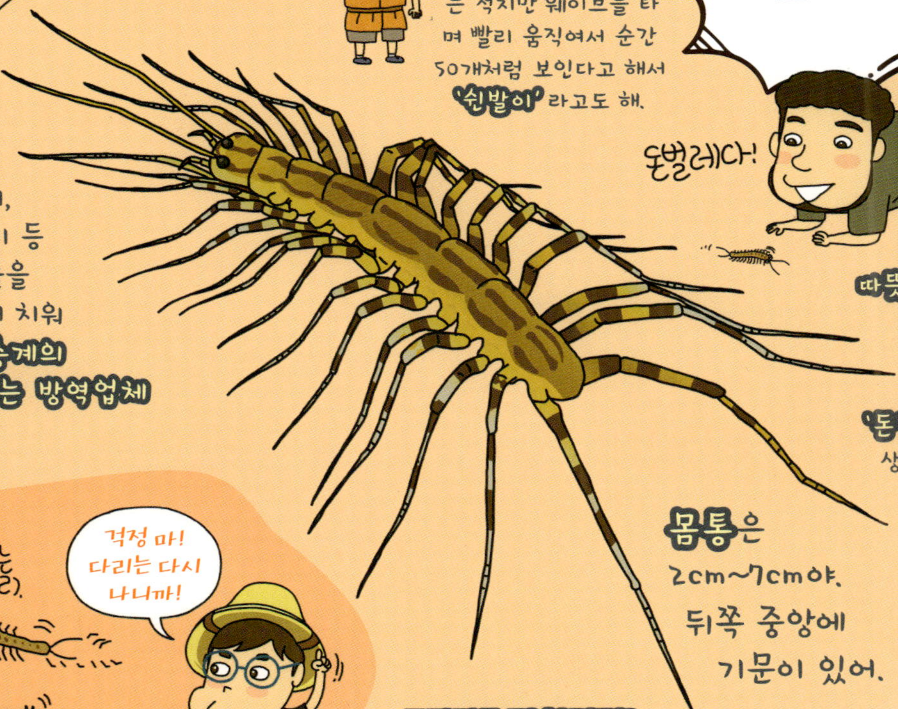

돈벌레다!

바퀴벌레 알부터 시작해 모기, 파리, 초파리 등 작은 해충들을 모조리 먹어 치워 버리는 **해충계의 걸어 다니는 방역업체** 라고 불려.

따뜻하고 습한 곳을 좋아해서 부잣집에서 자주 출몰했어. 그래서 '**돈벌레**' 라는 별명도 생겼어. 돈벌레를 보고 반가울 수 있지만, 그리마가 있다는 건 해충도 많다는 말이야.

몸통은 2cm~7cm야. 뒤쪽 중앙에 기문이 있어.

나는 다리.

걱정 마! 다리는 다시 나니까!

나는 꼬리

도마뱀은 위협을 느끼면 '꼬리'를 떼고 도망가지만 그리마는 '다리'를 떼고 도망가는 습성이 있어!

그리마를 피하려면!
첫째도 습기 제거! 둘째도 습기 제거!
1단계 제습기 가동 풀 파워!
2단계 방충망 보수는 덤.
3단계 하수구에 계핏가루를 뿌려라!

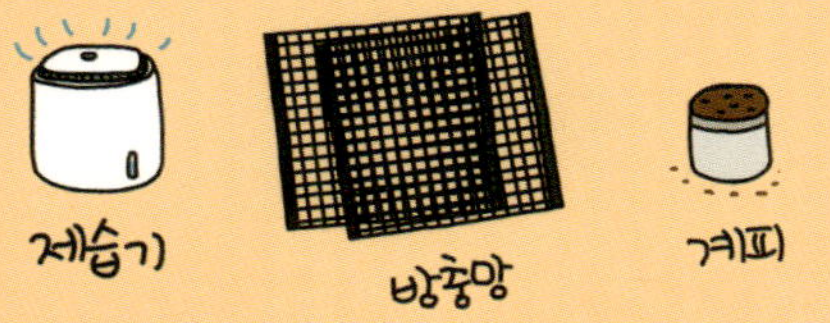

제습기   방충망   계피

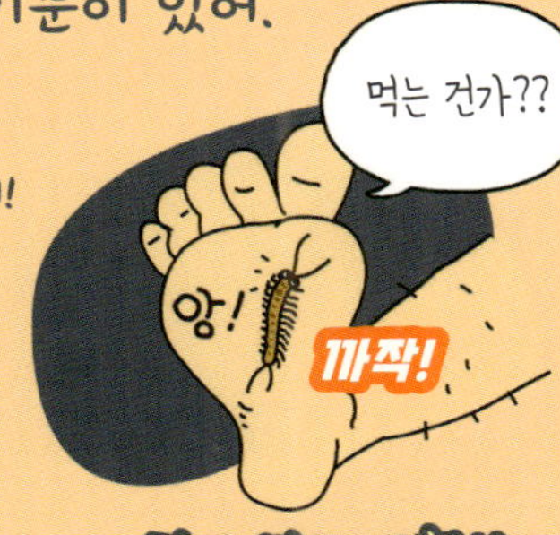

먹는 건가??

앙! 까짝!

겁이 많고 야행성이라서 불을 끄면 돌아다녀!

결정적 차이!

다리가 짧고 굵으면 왕지네!
다리가 길고 가늘면 그리마!

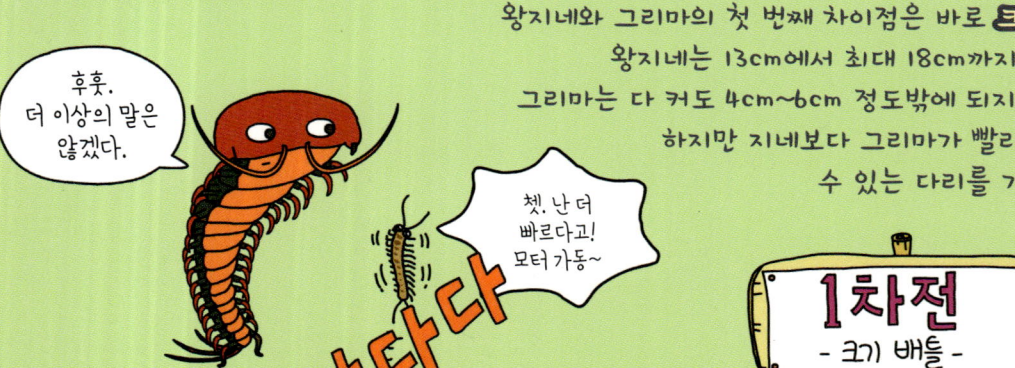

왕지네와 그리마의 첫 번째 차이점은 바로 **크기**예요. 왕지네는 13cm에서 최대 18cm까지 크지만, 그리마는 다 커도 4cm~6cm 정도밖에 되지 않아요! 하지만 지네보다 그리마가 빨리 움직일 수 있는 다리를 가졌어요!

1차전 - 크기 배틀 -

그리고 **몸 색깔**에서도 차이가 난답니다! 지네는 **어두운 녹청색**에 가깝고 그리마는 **밝은 회색**에 가까운 몸 색깔을 가지고 있어요!

2차전 - 색깔 배틀 -

다리도 자세히 보면 지네는 몸에 비해 짧고 굵은 편이고 그리마는 몸에 비해 길고 가는 편이에요. 그래서 생각보다 구분하기 쉽답니다.

3차전 - 다리 배틀 -

에그박사의 이상한 생물 상식!

그리마를 보면 돈이 들어온다?!

사실 그리마라는 이름은 조금 낯설죠? 그리마는 우리한테 **'돈벌레'**라고 더 많이 알려져 있어요!
근데 이 그리마가 왜 돈벌레라고 불리게 된 걸까요?

그건 바로, 그리마를 보면 돈이 들어온다는 속설 때문이에요!
이유는 2가지인데, **첫 번째**는 돈벌레는 따뜻하고 습한 환경을 좋아하는데, 비교적 그런 환경을 가진 부잣집에 그리마가 자주 나타나서 이 모습을 본 사람들이 미신을 만든 거고,

두 번째는 원래 우리나라에 없던 그리마가 6·25 이후에 미국 물건을 많이 구입한 부자들의 집에 딸려 들어와 같이 살게 되었는데, 이 부자들 집에 유독 그리마가 많이 보여서 돈벌레가 되었다는 소리도 있어요!
믿거나 말거나~
근데 그리마는 익충이니까 징그러워도 조금 살려 두는 것도 좋을 것 같아요~

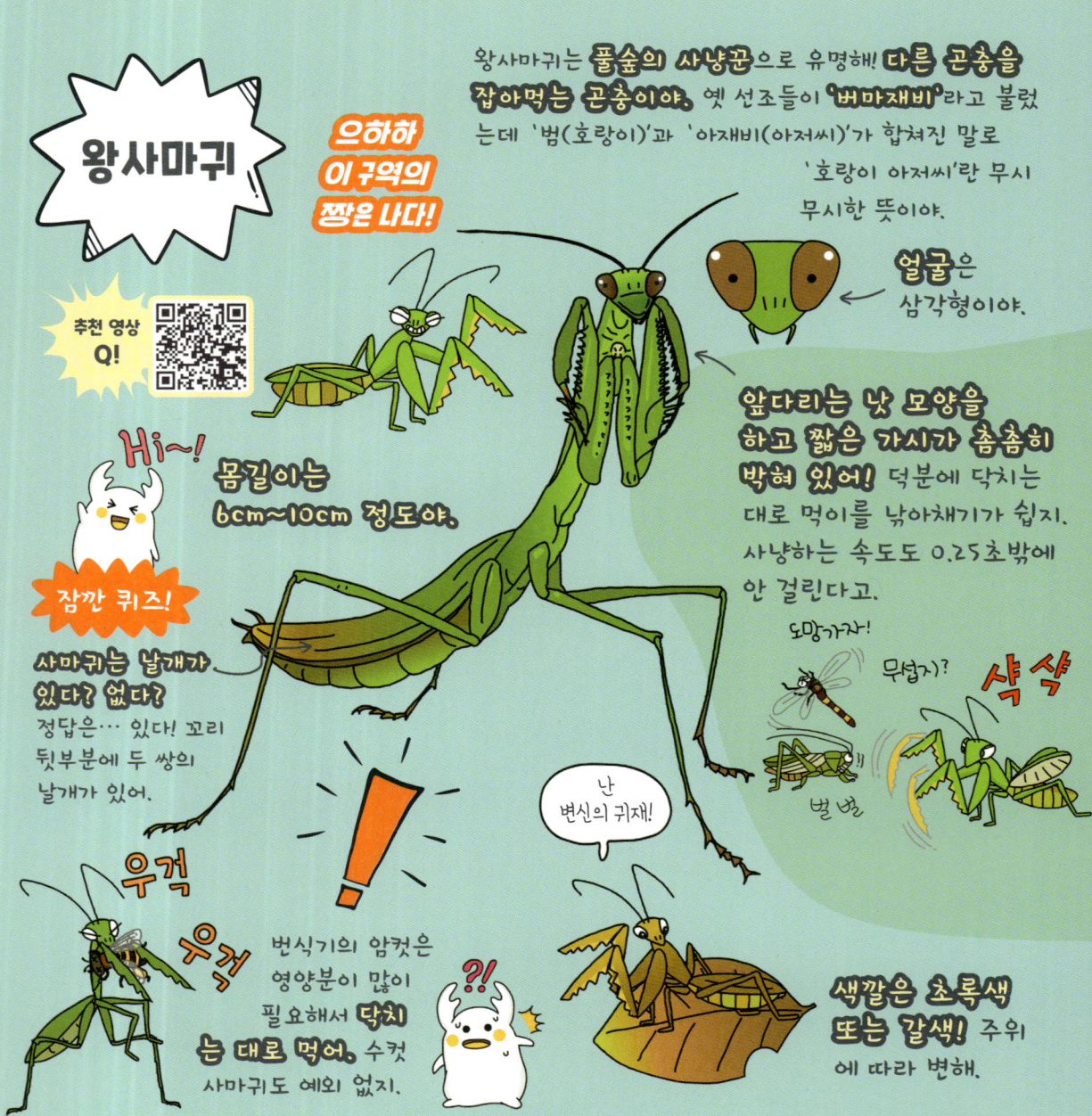

그럼 왕사마귀는 어디에 살고 게아재비는 어디에 사는지 알아보러 갈까요?

싱크로율 80%
구별 난이도 ★★★★☆

무브 무브~

네가 물사마귀?

게아재비

게아재비는 이 꼬리처럼 생긴 숨관을 통해서 숨을 쉬어! 하나로 보이지만 두 개로 나누어져 있어!

게아재비는 사마귀랑 비슷하게 생겼어! 그래서 "물사마귀"라는 별명도 생겼지!

추천 영상 Q!

게아재비는 사마귀처럼 씹는 턱이 없고, 대신 뾰족한 침이 있어서 먹이에 침을 찔러 녹인 다음에 체액을 빨아 먹지!!

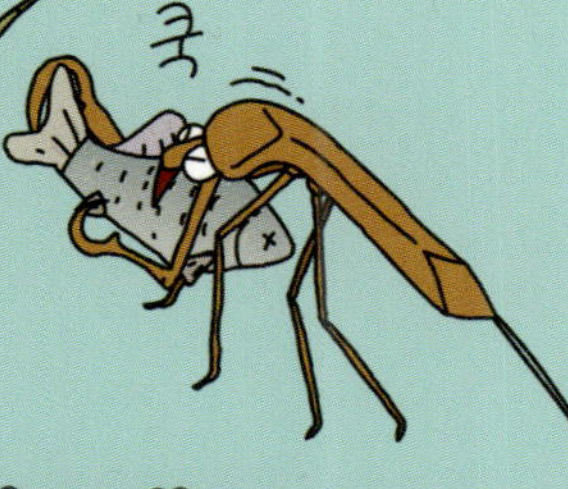

몸길이는 약 4cm 정도!

물속에 살지만, 날개가 있어. 살던 연못에 먹이가 없으면 다른 연못으로 가 물풀에 매달려 사냥해. 그래서 수영은 잘하지 못해. 흥흥 작은 물고기나 올챙이, 곤충을 잡아먹어!

허우적 허우적

밥은 먹고 사니?

어구, 놓쳤다!

으악! 이러다 한 놈 걸리겠지? ㅠㅠ

게아재비도 낫처럼 생긴 앞다리가 있어! 앞다리로 사냥을 하는데 힘이 약해 먹이를 많이 놓쳐! 허당기가 좀 많은 친구인 거 같아!

결정적 차이!
풀숲에 살면 왕사마귀! 물속에 살면 게아재비!

게아재비와 왕사마귀는 우선 사는 곳이 완전 달라요!

왕사마귀는 육지에 있는 풀숲에 살고, 게아재비는 물속에 있는 물풀이 모인 곳에 살지요!

그리고 게아재비는 물속에 살기 때문에 엉덩이 쪽에 **기다란 숨관**이 있어요! 이 숨관을 물 위쪽으로 내밀어서 숨을 쉬죠! 그렇기 때문에 깊은 물보다는 얕은 물을 더 좋아하고, 흐르는 물보다는 고인 물을 좋아해요.

사마귀는 육지에 사는 다른 곤충들과 마찬가지로 배 가운데에 있는 **기문(숨 쉬는 구멍)** 으로 숨을 쉬어요! 실제로 사마귀 배를 보면 여러 개의 점을 볼 수 있어요!

에그박사의 이상한 생물 상식!
유독 사마귀 배에 연가시가 많은 이유는?!

꼴까닥

연가시는 곤충의 몸에 기생하는 무시무시한 기생충이에요! 근데 유독 연가시가 사마귀 배에서 많이 발견되는데, 그 이유가 뭘까요?

우후후~ 드디어 밖이구먼!

연가시가 다 자라면 자신의 숙주인 곤충을 조종해서 물가로 유인하는데, 연가시는 물속에 알을 낳기 때문이에요!

얌 얌

잘 살아 내 새끼들~

엄마, 안녕~

이게 뭐지? 먹는 건가?

그럼 이 알들은 어떻게 될까요? 바로 물속에서 어린 시절을 보내는 곤충(하루살이, 잠자리, 모기)의 먹이가 되거나, 풀잎에 묻은 알을 메뚜기가 자기도 모르게 먹을 수도 있어요!

우걱 우걱

OK! 계획대로 되고 있어! 어서 와! OK!

그러면 연가시 알을 먹은 곤충을 잡아먹는 곤충은 누구? 바로 사마귀지요! 중간 숙주(하루살이, 잠자리, 모기, 메뚜기)의 몸속에서 애벌레까지 자란 연가시가 중간 숙주를 잡아먹은 최종 숙주(사마귀)의 몸에 들어가 성충이 되죠. 그래서 유독 사마귀 배 속에서 많이 관찰되는 거예요! 연가시는 곤충의 몸에만 기생할 수 있기 때문에 사람이나 다른 동물들의 몸속에서는 살 수 없어요! 다행이죠?

똥을 좋아하는 똥충
소똥구리 vs 뿔소똥구리

소똥과 말똥을 좋아하는 소똥구리와 뿔소똥구리! 똥을 먹기도 하고 땅에 묻기도 해서 생태계의 청소부라고 불려요.

그럼, 똥을 좋아하는 소똥구리와 뿔소똥구리는 어떤 매력이 있는지 함께 알아볼까요?

싱크로율 80%
구별 난이도 ★★★★☆

고고씽!

수컷은 머리에 길고 멋진 뿔이 있어!
이 뿔은 똥을 두고 경쟁을 할 때나 암컷을 차지할 때 사용해! 꼭 **코뿔소** 같지?

내 똥이야! 내 똥이야!

뿔소똥구리

암컷은 모성애가 아주 뛰어나!
직접 경단을 빚어서 한 경단에 한 개씩 알을 낳아! 알을 낳은 후 두 달 동안은 경단 주변을 떠나지 않고 끝까지 알을 지킨대.

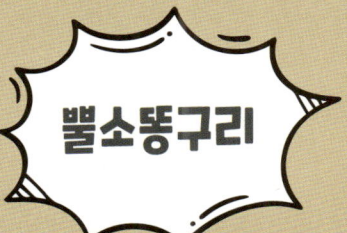
추천 영상 Q!

우리나라에서는 주로 소와 말을 방목하는 지역, 강원도 일부 지역과 제주도에서만 관찰돼.

♪떠나요~ 둘이서 뿔소똥구리 잡으러~♪

충격적 사실!

잘 자라다오.

뿔소똥구리의 뒷다리는 똥을 굴리지 못해! 그래서 주로 소나 말의 똥 밑에 땅굴을 파서 생활을 하는데, 부부가 되면 수컷이 똥을 땅굴로 옮기고 암컷이 열심히 빚어서 경단을 만든다고 해!

핫둘! 핫둘! 우리는 일심동체 부부!

에그박사의 이상한 생물 상식!

그 많던 소똥구리는 어디로 갔을까?

소똥구리에겐 **아주 슬픈 전설**이 있어요. 소똥구리는 풀을 먹은 소의 똥을 좋아하는데, 경단을 만들기 좋기 때문이지요. 하지만 우리나라의 소는 사료만 먹어서 똥이 묽대요. 그래서 경단을 만들 수 없게 되고 결국 알도 못 낳고 멸종 위기까지….

사실, 소똥구리는 자연에서 굉장히 중요한 역할을 해요!
배설물로 경단을 굴리어 자연스럽게 **토양에 영양분을 전달**하고 배설물을 먹어 분해하여 **온실가스도 줄여 주지요**

이 때문에 **어마어마한 양의 소 배설물**로 골머리를 앓던 **호주**에서는 멀리 아프리카에서 **소똥구리를 비싼 가격에 수입**해 와 이 문제를 해결했어요! 왜냐하면, 호주엔 소똥을 먹는 곤충이 없었던 거지요. 어쨌거나 **소똥구리는 우리나라에서나 호주에서나 아주 귀하신 몸이란 말씀!** 덕분에 우린 맛있는 호주산 소고기를 먹을 수 있고요!

꽃밭의 곡예 비행사
호랑나비 vs 산호랑나비

꽃이 피는 봄이 되면 살랑살랑 나비들이 꽃밭을 돌아다니죠? 얼룩덜룩한 무늬가 봐도 봐도 비슷해서 구별하기가 여간 어렵지 않아요.

하지만 한 가지만 알면 끝! 에그박사가 그 차이점을 알려 드릴게요!

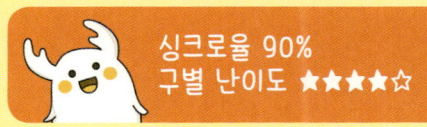
싱크로율 90%
구별 난이도 ★★★★☆

레츠 꼬우~

산에 살아서 산호랑나비.

생김새는 호랑나비와 비슷하게 생겼지만 사는 곳은 완전 달라. **높은 산에 살고 있어서 '산'호랑나비야!**

산호랑나비

앞날개 중실은 화선지에 먹물이 퍼지듯 **연한 검정 무늬**가 번지듯 있어.

Hi~!

냄새뿔! 위협을 받으면 냄새뿔 공격을 해!

꼬리 모양 돌기도 길어!

맛있는 미나리~

물고기만 비늘이 있는 줄 알았는데!

미나리, 방풍, 당귀, 구릿대 등 **미나릿과의 식물**을 좋아해!

호랑나비 애벌레와 다르게 몸에 **검은 줄무늬와 주황색 점**이 있어 구별이 쉬워!

날개는 '인편'이라고 하는 작은 **비늘**로 덮여 있어. 마치 기왓장을 쌓아 올린 것 같지. 인편 때문에 나비를 잡으면 가루가 많이 묻어 나오는 거야!

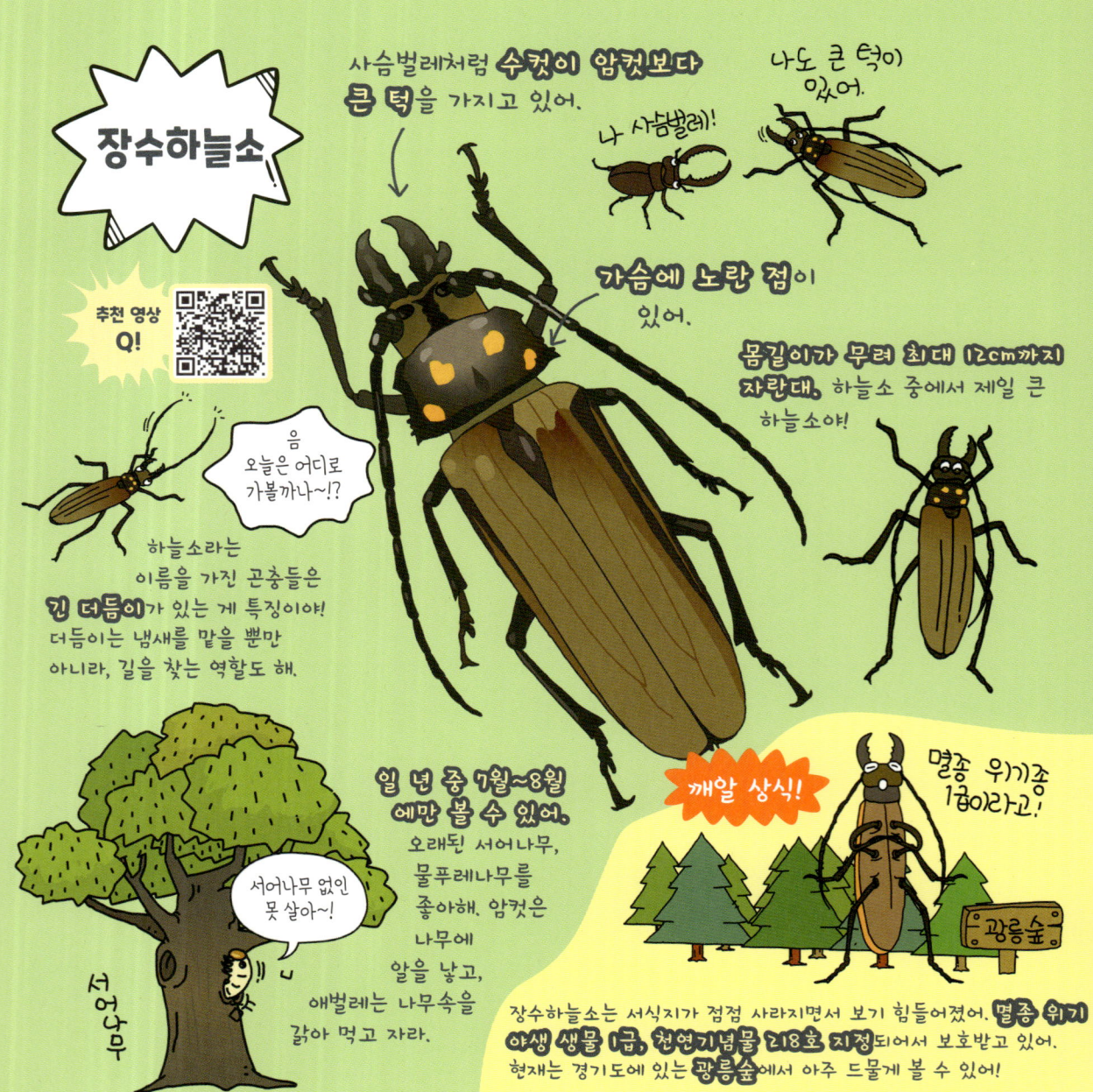

그럼 장수하늘소는 어떤 특징을 가지고 있을까요?
하늘소와 비교해 봐요!

싱크로율 90%
구별 난이도 ★★★☆☆

고고씽!

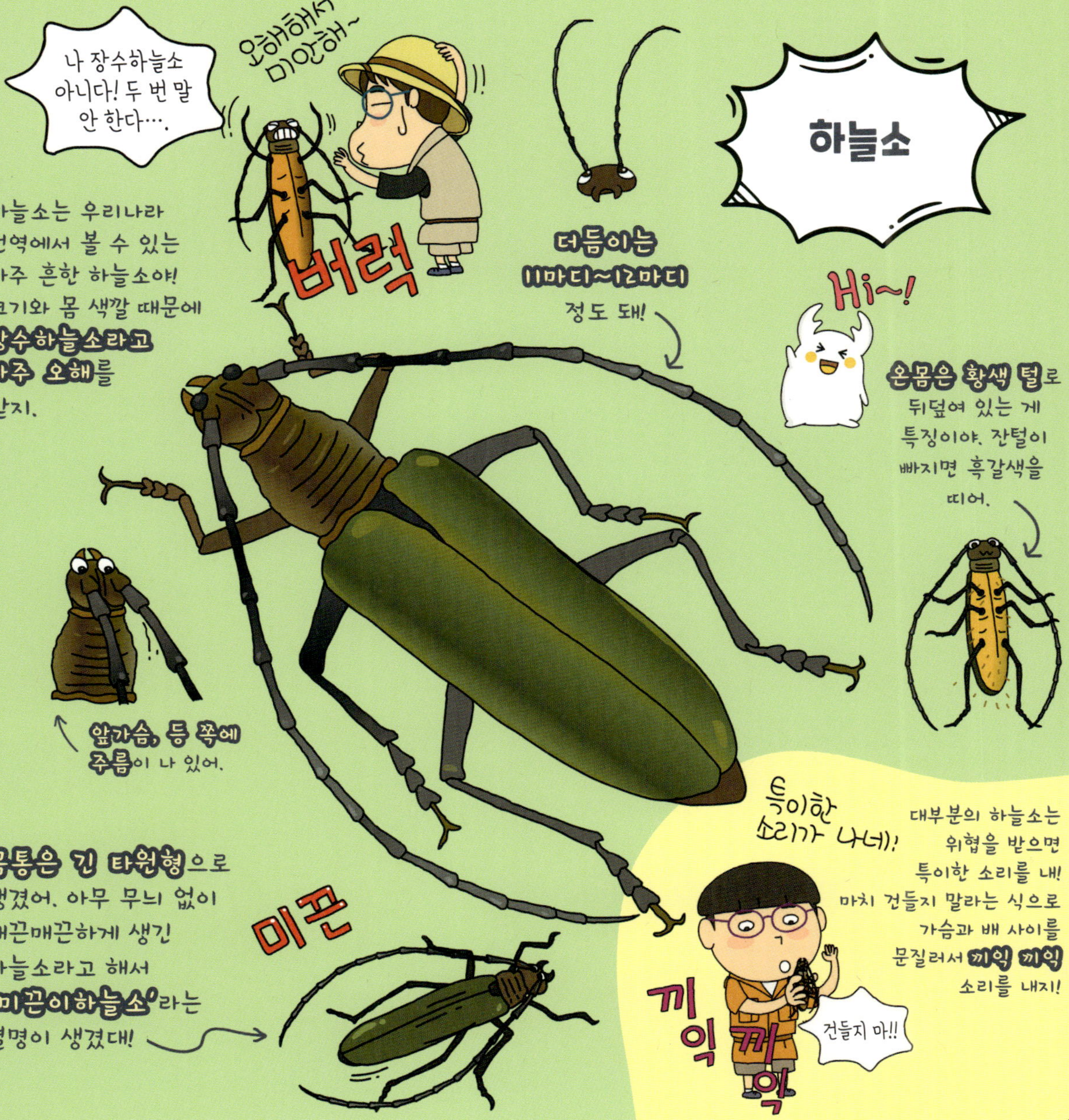

하늘소

나 장수하늘소 아니다! 두 번 말 안 한다….

오해해서 미안해~

버럭

하늘소는 우리나라 전역에서 볼 수 있는 아주 흔한 하늘소야! 크기와 몸 색깔 때문에 **장수하늘소라고 자주 오해를** 받지.

더듬이는 11마디~12마디 정도 돼!

Hi~!

온몸은 황색 털로 뒤덮여 있는 게 특징이야. 잔털이 빠지면 흑갈색을 띠어.

← 앞가슴 등 쪽에 주름이 나 있어.

몸통은 긴 타원형으로 생겼어. 아무 무늬 없이 매끈매끈하게 생긴 하늘소라고 해서 **미끈이하늘소**라는 별명이 생겼대!

미끈

특이한 소리가 나네!

대부분의 하늘소는 위협을 받으면 특이한 소리를 내! 마치 건들지 말라는 식으로 가슴과 배 사이를 문질러서 **끼익 끼익** 소리를 내지!

끼익 끼익

건들지 마!!

결정적 차이!

가슴에 노란 점이 있으면 장수하늘소!
가슴에 노란 점이 없으면 하늘소!

장수하늘소와 (그냥)하늘소가 헷갈리는 사람들이 많죠? 몇 가지 특징으로 바로 알아볼 수 있도록 도와줄게요!

우선 크기에요!! 실제로 장수하늘소와 하늘소를 비교해 보면 **장수하늘소가 약 1.5배~2배 정도 커요.**

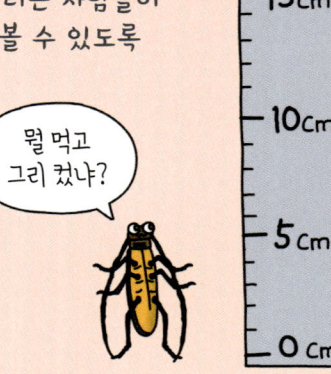

그리고 **가슴에 노란색 점이 있으면 장수하늘소! 없으면 그냥 하늘소!**
또 **사슴벌레처럼 큰 턱을 가지고 있으면 장수하늘소!**
어때요? 장수하늘소가 하늘소보다 훨씬 화려한 모습을 하고 있죠?

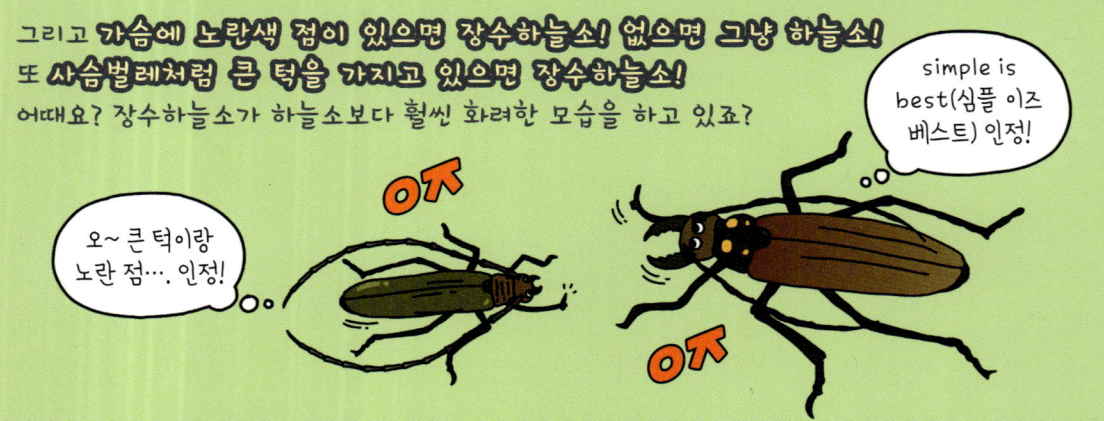

마지막으로, **장수하늘소는 광릉숲 이외에 지역에선 보기가 힘들고 (그냥)하늘소는 근처 숲에서 흔하게 볼 수 있어요!**
그러니 사람들이 발견한 장수하늘소는 대부분 하늘소인 거죠.

표범 vs 치타

고릴라 vs 침팬지

알파카 vs 라마

자이언트판다 vs 레서판다

삵 vs 스라소니

다람쥐 vs 청설모

검독수리 vs 독수리

고리도롱뇽 vs 꼬리치레도롱뇽

도마뱀붙이 vs 표범장지뱀

까치살모사 vs 유혈목이

과연 이들은 어떻게 사냥하는지 습성은 얼마나 다른지
한번 알아보러 떠나 볼까요?

싱크로율 80%
구별 난이도 ★★★★☆

레츠 꼬우~

치타

얼굴은 순하게 생겼고 **눈은 호박색**이라 아름다워!

"엄마 언제 오지? 배고파."

치타는 사냥 나갈 때 혹시 다른 맹수들에게 잡아먹힐까 봐 아기 치타를 숨겨 놓고 가. 아기 치타의 **솜털**은 주변의 갈대 색과 비슷한 **보호색**이야.

추천 영상 Q!

치타는 **예민하고 착한 성격**. 다른 맹수들에 비해 몸집도 작아서 겁이 많아! 그래서 '**아프리카의 고양이**'라는 별명도 있지! 그렇다고 방심은 금물!! 맹수는 맹수니까!

치타의 트레이드마크! 눈물 자국!
너무 울어서 생긴 눈물 자국 아니냐고? 눈부시지 않기 위해 진화된 **눈물 선**이라고 해! 운동선수들이 눈 밑에 바르는 검은색 물감과 같은 효과지!

달리기 하면 치타!

"맹수는 맹수니까 오해하지 말자!"

꼬리는 표범보다 굵고 짧아. 중간까지는 점박이, 그 이후엔 줄무늬, **마지막엔 흰털**로 마무리

"내가 원조라고!"

발은 접지력이 좋은 큰 발이라 무려 시속 120km를 낼 수 있어. 덕분에 사냥 성공률은 30%~40% 정도로 높은 편이야! 영양, 토끼, 사슴은 치타의 흔한 식량이지.

"왜 이렇게 빨라?"

팍 팍 팍

55

결정적 차이!
눈물 선이 없으면 표범! 눈물 선이 있으면 치타!

표범과 치타의 가장 뚜렷한 차이는 얼굴에 있는 **눈물 선**이에요! 치타보다 강한 맹수들이 밤에 사냥해서 치타는 낮을 공략! 그래서 낮에 떠 있는 강한 햇빛을 흡수해 주는 검은색 눈물 선이 발달하였어요.

그리고 표범은 사냥 후 제아무리 무거운 먹이도 나무 위로 끌어올려 **여유롭게 먹지만**, 치타는 사자나 하이에나의 눈에 띄지 않는 곳으로 **숨어들어 서둘러 먹어요**.

무늬도 비슷해 보이지만 달라요. 치타 무늬는 **단순한 검은색 점**이지만, 표범 무늬는 **여러 개의 검은 점 안에 갈색**이 차 있어서 좀 더 복잡하지요!

에그박사의 이상한 생물 상식!

치타는 우사인 볼트보다 빠르다?!

치타가 얼마나 빠른지 체감이 안 되는 친구들이 많죠? 그래서 조금 더 알기 쉽게 한번 설명해 줄게요.

치타의 최고 속도는 시속 120km(100m를 3초 만에 돌파하는 속도), 우사인 볼트는 시속 38km(100m를 9.58초 만에 돌파하는 속도)라고 해요!

하지만 치타는 빨리 달리는 대신 **오랫동안 달리기는 힘들다**고 해요! 200m~300m 정도를 달린 후엔 체력이 급격히 떨어지고, **500m를 넘으면 체력적으로 완전히 한계에 도달**해서 반드시 쉬어 줘야 한다고 하네요!

안 그러면 죽을 수도…?!

똑똑한 영장류의 대표 명사 고릴라와 침팬지가 사람과 얼마나 닮았고 이 둘은 또 어떻게 다른지 알아볼까요?

싱크로율 80%
구별 난이도 ★★★★☆

고고씽!

머리숱이 적고 귓바퀴가 커.

얼굴은 순하게 생겼지만, 성질이 더럽고 공격적이야.

침팬지

알고 있니?

침팬지는 **중앙아프리카 열대 우림**에 살아. 키는 120cm~160cm, 몸무게는 30kg~60kg! **영장류 중 가장 작아.**

무리 지어 생활하는데 서열이 엄하지만, 단합도 잘 돼. 그래서 다른 무리랑 패싸움이 잦아.

꾸에엑 내 거야!
투닥 투닥

손으로 **도구를 사용**할 줄 알아. 흰개미 둥지 안으로 나뭇가지를 넣어 흰개미를 잡아먹기도 하고, 돌로 단단한 견과류를 깨어 먹기도 해.

냠냠

먹는 게 젤 좋아~ 친구들 모여라~!

식성은 **잡식성**이야. 과일, 견과류, 곤충, 육식 등 못 먹는 게 없어.

결정적 차이!
얼굴이 검은색이면 고릴라! 얼굴이 살구색이면 침팬지!

고릴라와 침팬지의 **가장 뚜렷한 차이는 얼굴색**이에요! **고릴라 얼굴은 검은색**이지만, **침팬지 얼굴은 사람처럼 살구색**에 가까워요.

그리고 식성에서도 차이가 나는데요! **침팬지는 초식부터 육식 전부 좋아하는 잡식성**인데 **고릴라는 주로 풀을 뜯어 먹는 초식 위주**의 식성이에요.

초식하는 고릴라지만 덩치는 침팬지보다 커서 침팬지가 함부로 덤비지 못해요. 힘도 침팬지보다 세지만 겁이 많아서 다른 동물을 잘 해치지 않는 **온순한 동물**이에요. 물론 고릴라 우리에 들어가면 어떻게 될지는 아무도 몰라요. 응응응

쫑긋한 귀와 보송보송한 털을 가진 알파카와 라마를 다 함께 알아보러 출발!

싱크로율 90%
구별 난이도 ★★★★★

히얼위고!

라마

귀는 바나나 킥처럼 길고 흰 모양이야.

얼굴엔 털이 없이 매끈해.

포식자가 나타나면 뿌에엑! 하고 경계의 소리를 내지! 그래서 양 떼 지킴이로 안성맞춤~!

뿌에엑!

악 시끄러!

꼬리는 알파카보다 짧고 동그래.

입은 작고 길쭉해. 또 자기보다 서열이 낮은 개체엔 침을 뱉어서 힘을 과시해.

튀-

고마워~ 라마야!!

안데스산맥은 교통이 불편해서 사람들이 짐을 실어 나르기 위해 라마를 기르기 시작했어.

우씨!! 너무 무거워!!

안 돼!

하.지.만!! 성격이 순한 편은 아니라 마음에 들지 않으면 짐을 내팽개치기도 해. 짐을 너무 많이 맡기진 말자….

알파카와 라마가 짝짓기해서 태어난 새끼를 '후아리조'라고 부르는데 불행히도 후아리조는 자손을 낳을 수 없어.

결정적 차이!
얼굴에 털이 많으면 알파카! 얼굴에 털이 없으면 라마!

알파카와 라마는 **얼굴에 있는 털**로 구별할 수 있어요!
복슬복슬한 털이 얼굴에 많으면 알파카!
거의 없으면 라마!! 이렇게 구분하면 된답니다.

만약에 알파카가 털을 깎았다면!! 이걸로 구분해요!
라마는 **바나나처럼 길고 구부러진 귀**를 갖고 있지만,
알파카는 **짧고 쫑긋한 귀**를 갖고 있어요.

귀를 봐도 모르겠다는 친구는
몸 크기와 몸매
를 보세요!

라마는 알파카보다 몸집이
두 배 정도 크고 다리도
길고 조금 더 날렵하게
생겼답니다! 알파카는
좀 더 귀염 뽀짝한 느낌!

대나무 사랑
자이언트판다 vs 레서판다

친구들 '쿵푸팬더' 알죠? 그 팬더가 바로 자이언트판다예요. 자이언트판다와 이름만 비슷하고 생김새는 전혀 다른 판다가 있어요.

바로 레서판다! 쿵푸팬더의 사부님이죠! 이 둘은 무슨 관계길래 둘 다 '판다'인지 알아볼까요?!

 싱크로율 20%
구별 난이도 ★☆☆☆☆

 히얼위고!

인도와 네팔에서 살아. 판다보다 너구리를 더 닮은 동물이야! 판다보다 작아서 '작다'라는 뜻의 레서(Lesser)를 붙여 '레서판다'가 되었어.

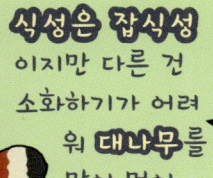

식성은 잡식성이지만 다른 건 소화하기가 어려워 **대나무**를 많이 먹어.

 레서판다

귀는 쫑긋하고 흰 털이 테두리를 두르고 있어.

양 볼과 눈 위에 흰 털이 있어.

털은 얼굴과 등은 **붉은 갈색**이고 배와 네 발은 **검은색**이야.

야행성이라 낮에는 높은 나무 위나 그늘진 곳에서 잠을 자.

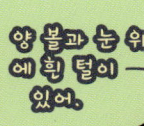 쿨 쿨

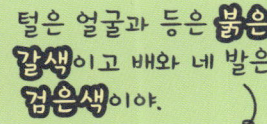

꼬리는 갈색과 흰색 털이 번갈아 나오다 검은색 털로 마무리돼.

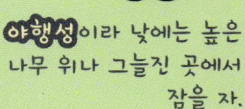 자이언트판다랑 똑같아!

대나무를 잡고 먹는 습성 때문에 발가락이 발달하여 있어. 발가락 수는 다섯 개인데, **손목뼈가 돌출**되어 생긴 가짜 엄지발가락 때문에 얼핏 보면 발가락이 6개로 보여.

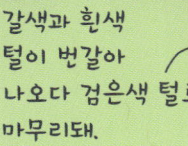

레서판다는 두 발로 서서 **만세 하는 자세**를 취할 때가 있어. **놀라거나 다툴 때**인데 몸을 크게 해서 상대방을 위협하는 모습이야. 하지만 이 모습마저 너무 귀여워!

너까가!

저리 안 가?! 길 막지 말라고!

결정적 차이!

털 색깔이 흰검이면 자이언트판다! 털 색깔이 빨검이면 레서판다!

사실 판다와 레서판다는 구분하기 너무 쉬운데요! 검은 털과 하얀 털이 섞여 있고 몸집이 크면 자이언트판다! 검은 털과 빨간 털이 섞여 있고 몸집이 작으면 레서판다!

"난 흰검!"

"난 빨검!"

크기와 종류도 달라요. **판다는 곰과**라서 키와 덩치도 크고 **레서판다는 너구리과**라 너구리나 스컹크처럼 덩치가 작아요!

"우린 크기가 비슷하지."

"우리도~"

하지만 둘 다 슬픈 공통점이 있어요. 바로 **멸종 위기에 처해 있다는 사실…**. 자이언트판다가 멸종되는 이유 중 하나는 **게으른 성격** 때문이에요. 근처에 대나무가 없으면 그냥 굶어 죽는대요. 그리고 너무 대나무만 먹어서 **영양소 불균형**이 심해서 멸종된다고 해요.

"판다야, 좀 움직여!! 다른 것도 좀 먹고!"

"아 몰랑. 귀찮! 대나무가 좋은 걸 어떡해~"

"귀찮아…."

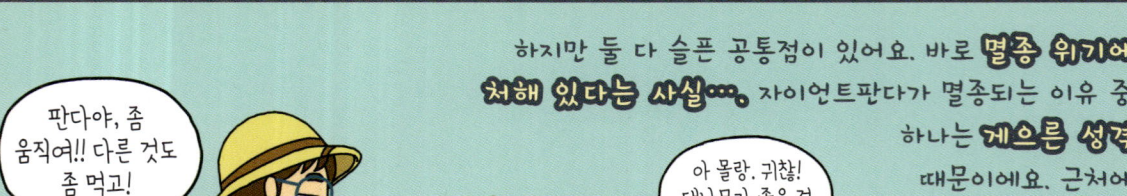

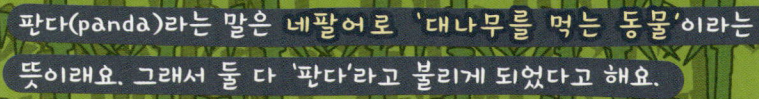

고양이를 쏙 빼닮았지만, 산속의 왕좌를 틀어쥔 맹수 중의 맹수! 그럼 삵과 스라소니의 포스를 느끼러 출발!

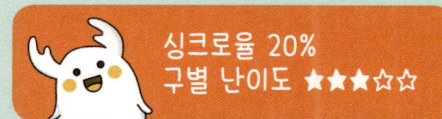

싱크로율 20%
구별 난이도 ★★★☆☆

무브 무브~

스라소니

통일되면 보러 오라우!

아쉽게도 **스라소니**는 **우리나라**에서 **멸종**됐어. 북한 개마고원 일대에서 가끔 보인대.

얼굴은 얼핏 보면 호랑이야. 옛날엔 '**못생긴 호랑이**'라고 놀리기도 했어.

귀는 삼각형으로 쫑긋하고 끝에 **검은 긴 털 송이**가 있어.

꼬리는 20cm 정도로 **짧고** 끝은 **검은 털**이야.

Hi~!

스라소니는 사람은 공격하지 않고 멧돼지나 고라니 같은 동물만 공격하는 유일한 맹수야. 그래서 우리나라에서는 농가의 피해를 줄이려고 스라소니를 되살리려는 연구가 진행되고 있어.

몸에는 갈색과 검은색 점들이 퍼져 있어.

발은 너비가 넓고 큰 편이야. 도망가기 전에 뒷발로 모래나 흙을 뿌리고 도망가는 습성이 있어.

내래 멧돼지도 잡는다우!

꾸엑 쿠앙

갑자기 왜 이래~ ㅠㅠ

흙맛 좀 보라우!

몸은 삵보다 8배나 커.

삵과 호랑이의 딱 중간 크기지. 그래서 사슴이나 고라니, 작은 멧돼지까지 **혼자 사냥할 수 있는 최강체**야.

팍

결정적 차이!
꼬리가 길면 삵! 꼬리가 짧으면 스라소니!

삵과 스라소니의 **결정적 차이는 바로 꼬리!**
간단히 말하면 꼬리가 길면 삵! 꼬리가 짧으면 스라소니예요!
스라소니 꼬리는 얼핏 보면 꼬리가 잘린 것처럼 짤막한 느낌이에요.

대신 **스라소니는 삵보다 8배 정도** 몸집이 커요.
그래서 좀 더 맹수다운 기운이 느껴지죠!

마지막으로 **스라소니는 귀 끝이 뾰족하고 검은 털 송이**가 길게 나 있어서 멋짐 폭발!
삵은 귀가 동그랗게 생겨서 좀 더 귀여운 느낌이 나요.
하지만 잊지 마세요! 맹수 중의 맹수라는 것을!

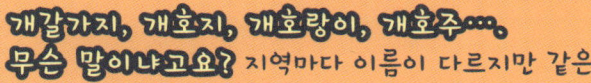

다람쥐와 청설모는 습성이 어떻게 다른지 무엇을 먹고사는지 함께 알아보러 갈까요?

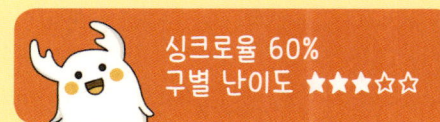
싱크로율 60%
구별 난이도 ★★★☆☆

레고 레고~

몸 색깔은 회갈색인데 배엔 뽀얀 털이 나 있지! 실제로 보면 꽤 귀여운 동물이야!

청설모

내 털로 붓도 만들어 놓고!! 뭐? 외래종이라고?

한때 외래종이라는 소문이 돌아 황소개구리와 배스 같은 취급을 받았어. 청설모는 예부터 '청서(靑鼠)'라고 불렸고 조선 시대에 청설모 털로 붓도 만들어 썼어. 오죽하면 영어 이름이 Korean squirrel(한국 다람쥐)일까?

역시 붓은 청설모 붓이야!

청설모는 여름 버전과 겨울 버전이 있어. 여름에는 귀에 있는 털이 짧지만, 겨울에는 귀에 긴 털이 자라서 추위를 막아 줘.

겨울   여름

↑ 다람쥐보다 꼬리가 길고 풍성해.

먹이는 나무에 달린 밤, 땅콩, 도토리 등을 따 먹어. 특히 잣과 밤을 좋아하는데 잣과 밤을 키우는 농가에서는 엄청 미움받고 있지.

나뭇가지를 모아 나무 위에 새 둥지처럼 집을 지어.

결정적 차이! 몸 색깔이 갈색이면 다람쥐! 회색이면 청설모!

다람쥐와 청설모 구분은 완전 쉬워요! 우선 **털 색깔이 확연히 달라요!** 청설모는 쥐처럼 **온몸이 회색**이지만, 다람쥐는 갈색 털에 **등에서부터 꼬리까지 오는 검은 줄무늬**가 특징이죠!

"난 갈색 줄무늬가 포인트!!"

"난 모던한 회색이 포인트!!"

몸 크기도 다른데, 청설모가 다람쥐보다 2배 정도 커요! 그리고 청설모는 나무에 올라가 직접 열매를 따 먹지만

"바로 따서 먹어야 싱싱하고 맛있지~!!"

다람쥐는 땅에 떨어진 열매를 먹어요.

"먼 소리여. 자고로 푹 익어서 떨어지는 게 꿀맛이여!"

마지막 한 가지! 다람쥐는 겨울에 얕은 겨울잠을 자요. 청설모는 겨울에도 꾸준히 활동하죠. 그래서 추위를 견디려고 겨울이 되면 귀 털이 더 길어진다고 하네요!

두리번 두리번

"으잉? 도토리 좀 나눠 주려고 하는디 다람쥐 어디 간 겨??"

ZZZ

하늘의 제왕
검독수리 vs 독수리

엄청나게 큰 덩치와 강력한 포스로 하늘의 제왕이라고 불리는 검독수리와 독수리! 이름은 한 글자 차이지만 살아가는 모습은 완전 다르다고 해요.

에그박사의 이상한 생물 상식!
몽골인에겐 검독수리가 애완용 새라고요?!

검독수리는 작은 쥐부터 여우나 늑대까지 사냥할 수 있는 뛰어난 사냥 능력이 있어서 예로부터 몽골의 카자흐족은 검독수리를 길들여 같이 사냥하러 다녔다고 해요!

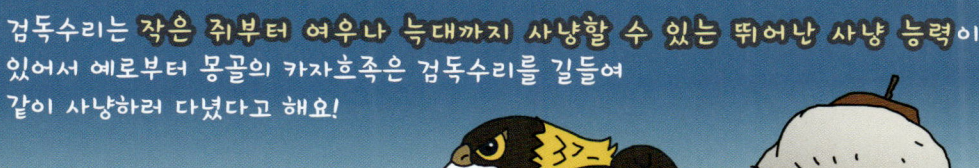

갓 날기 시작한 어린 검독수리를 데리고 와서 부드러운 말과 모의 먹이로 길들인 다음 함께 사냥하러 다니는데, **사냥하기 전까진 눈가리개로 검독수리의 두 눈을 가리고 있어요.**

눈가리개가 풀린 검독수리는 2km까지 훤히 볼 수 있는 시력으로 **사냥감을 엄청 빨리 포착**해서 날아가 사냥하는데, 하늘에서 빠른 속도로 날카로운 발톱으로 내리꽂은 다음 동물들의 목이나 입을 졸라서 숨통을 끊어 사냥해요.

도랑에 사는 작은 용이라고 불리는 이들은 서로 어떻게 다른지 구분하러 떠나 볼까요?

싱크로율 90%
구별 난이도 ★★★★☆

고고씽!

꼬리치레 도롱뇽

꼬리는 몸보다 1.2배나 길어. 몸보다 긴 꼬리를 흔들며 나아가서 '꼬리치레도롱뇽'이라고 불리지.

꼬리만 보여! 시선 강탈!

꼬리는 흔들어야 제맛!

몸길이는 12cm~18cm로 도롱뇽 중에 커. 색깔은 황갈색이고 노란 반점이 특징이지.

앞 발가락은 4개, 뒷 발가락은 5개야! 번식기엔 발가락 끝에 작은 발톱이 생겨서 '**발톱도롱뇽**' 이라고도 불려.

1급수에만 살아! 깨끗하고 흐르는 물을 좋아하지!

Hi~!

내가 사는 곳이 청정 지역! 브라보~

으아! 나도 결혼하고 싶다고!

수컷은 **번식기**가 되면 뒷발에 '**혼인 돌기**'가 생기지!!

한 번에 두 알주머니를 낳아.

알주머니와 알은 모두 하얀색이야! 부화 기간이 140일 정도로 길어서 다른 생물의 눈에 띄지 않는 **동굴 속 바위 밑에 붙여서 알을 낳아**. 비밀스러운 곳에 알을 낳아서 발견하기가 꽤 힘들어.

눈은 툭 튀어나와 있어.

결정적 차이!

노란 점이 없으면 고리도롱뇽!
노란 점이 있으면 꼬리치레도롱뇽!

일단 몸 색깔! **꼬리치레도롱뇽은 몸에 노란 반점이 있어 화려하고**, **고리도롱뇽은 노란 반점이 없는 낙엽 빛깔**이에요.

그럼~ 난 고리?!

한 가지만 알면 돼! 노란 반점 있으면 꼬리치레도롱뇽, 없으면 고리도롱뇽이지!

그럼~ 난 꼬리치레?

어? 그러고 보니 난 눈이 크고 튀어나와 있구나!

꼬리치레도롱뇽은 얼굴에 비해 눈이 굉장히 크고 툭 튀어나와 있어요. 그에 비해 **고리도롱뇽은 눈이 작은 편**이에요!

꼬리치레! 너 개구리 왕눈이 닮았단 소리 못 들어 봤어?

그리고 몸통을 봤을 때도 **꼬리치레도롱뇽이 크고 꼬리도 몸통보다 길어요. 고리도롱뇽은 작고 꼬리도 짧은 편**이에요.

넌 어쩜 꼬리도 그렇게 기냐?

가문의 자랑이지.

생김새는 비슷하지만 사는 모습은 완전 다른 이 둘!
어떻게 다른지 한번 알아볼까요?

 싱크로율 60%
구별 난이도 ★★★☆☆

히얼위고!

몸길이는 약 20cm 정도이고 등에 **화려한 표범 무늬**가 있는 것이 특징이지.

나, 따라하니?

 표범장지뱀

응?

천적에게 공격을 당하면 꼬리를 자르고 도망가. 잘린 꼬리는 다시 자라지만, 꼬리뼈는 재생이 안 된다고 해! 그래서 방향 잡기가 힘들대.

귀가 밖으로 나와 있어.

눈엔 눈꺼풀이 있어.

발은 흡반이 없고 발가락이 가늘고 뾰족하게 생겼어. 모래 파기에 안성맞춤이지.

우리가 밥?

사는 곳은 모래가 많은 해안가야. 태안 지역에 주로 출몰해. 먹이는 모래밭에 사는 **작은 메뚜기나 거미**를 잡아먹어!

싸우는 거 아니냐고?

아니야. 수컷은 짝짓기할 때 **암컷을 꽉 물고 해.** 머리가 클수록 입도 크기 때문에 암컷을 잘 잡을 수 있겠지?! 그리고 알은 모래 속에 3개~4개 정도 낳아.

이빨 자국이 있으면 암컷!

앙 아야!

결정적 차이!
발가락이 빨판 모양이면 도마뱀붙이! 발가락이 갈고리 모양이면 표범장지뱀!

도마뱀붙이와 표범장지뱀은 같은 도마뱀이지만 다른 점이 많아요! 첫 번째는 **발가락 모양**인데요, 도마뱀붙이는 벽에 달라붙기 좋은 **빨판 모양**이지만, 표범장지뱀은 모래를 파기 좋은 **갈고리 모양**!

← 도마뱀붙이   표범장지뱀 →

이렇게 진화된 이유는 사는 곳이 다르기 때문이에요.

난 벽에 붙어 다니기에 적합한 발!!

도마뱀붙이는 **건물의 벽**이나 **천장**에 붙어 살고 표범장지뱀은 **강변**이나 **해안가** 등 모래가 많이 있는 곳에 살아요.

난 모래 위에 살기에 적합한 발!!

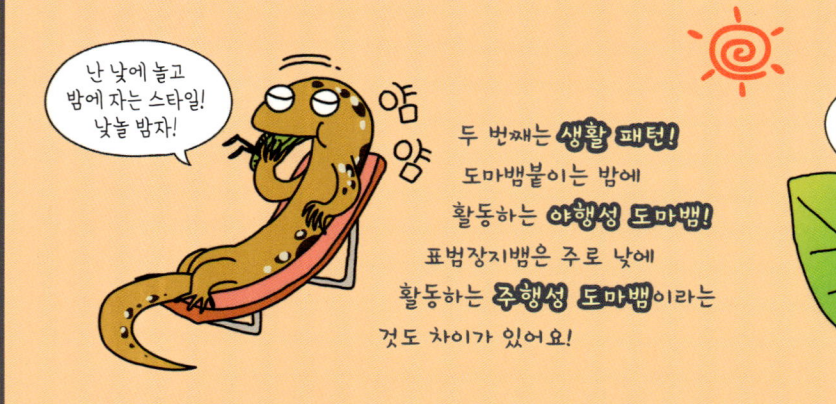

난 낮에 놀고 밤에 자는 스타일! 낮놀 밤자!

두 번째는 **생활 패턴**! 도마뱀붙이는 밤에 활동하는 **야행성 도마뱀**! 표범장지뱀은 주로 낮에 활동하는 **주행성 도마뱀**이라는 것도 차이가 있어요!

난 낮에 자고 밤에 노는 스타일! 낮자 밤놀!

에그박사의 이상한 생물 상식!

비늘을 벗는 도마뱀이 있다?!

2017년에는 아프리카의 마다가스카르에서 새로운 종류의 도마뱀붙이가 발견되었어요! 그 이름은 바로 큰비늘도마뱀붙이! 1942년 이후 75년 만에 발견된 비늘도마뱀붙이 종류랍니다!

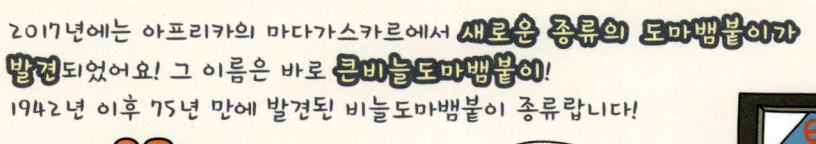

이 큰비늘도마뱀붙이는 다른 도마뱀붙이와 다른 점이 있는데요, 바로 천적을 만났을 때랍니다! 보통 도마뱀붙이들은 자신의 꼬리만 자르고 도망가는데,

큰비늘도마뱀붙이는 자신의 꼬리뿐만 아니라 비늘도 떼어 버리고 도망가는 습성이 있어서 천적을 좀 더 손쉽게 피할 수 있어요! 비늘을 다 떼어 버리면 벌거숭이 같은 모습이지만, 다행히도 꼬리처럼 몇 주 만에 다시 돋아난다고 합니다!!

독사의 특징엔 무엇이 있는지 이 둘은 어떻게 다른지! 다 같이 한번 알아볼까요?

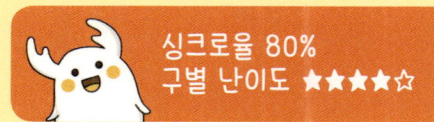
싱크로율 80%
구별 난이도 ★★★★☆

고고씽!

내가 원조 화사라고!

응?
마마무 화사

알고 있니?
초록색 무늬에 목엔 빨간 무늬가 있어서 꽃뱀 또는 화사(花蛇)라고 불려!

길이는 0.6m~1.2m까지 자라.

물을 좋아해서 논이나 습지에 자주 출몰해. 워터파크도 물론 좋아해!

유혈목이

?!

얼굴은 작고 타원형이야. 귀염 상이지.

두꺼비를 잡아먹고서 그 독을 목덜미에 저장한 다음 천적에게 공격을 받으면 확 뿜어낸다고 해! 정말 똑똑하지?

먹이는 개구리를 좋아해.

콱

대부분 독사는 사람을 보면 경계하는데 유혈목이는 사람을 보면 도망가. 간혹 궁지에 몰리면 코브라처럼 목을 부풀리고 머리를 치켜들어.

콱! 깨물어 버릴까? 오지 말랬지!

무섭지!

으아악! 에그박사 살려~

코... 코브라야?

내 독이 네 독보다 3배나 세!

정말?

독니가 뒤에 숨겨져 있어. 심지어 살모사보다 3배나 강력한 독이니까 조심 또 조심!

결정적 차이!

**목에 붉은색 무늬가 없으면 까치살모사!
목에 붉은색 무늬가 있으면 유혈목이!**

첫 번째! **몸 색깔과 무늬**가 차이가 나죠.

까치살모사의 몸은 갈색 바탕에 진한 갈색이나 고동색의 둥근 무늬가 있고,

유혈목이는 초록색 바탕에 검은 줄무늬가 있어요! 목 부위엔 화려한 붉은색 무늬가 포인트!

두 번째! **머리 모양**으로 구분할 수 있어요!

까치살모사는 위에서 보면 머리가 크고 **세모 모양**이고,

유혈목이는 위에서 보면 머리가 작고 **타원형**이에요.

마지막으로, 독니 위치도 달라요!
까치살모사는 독니가 앞쪽에! 유혈목이는 독니가 뒤쪽에 조그맣게 있어요!

에그박사의 이상한 생물 상식!

살모사의 억울한 누명

살모사의 이름을 풀이해 보면

殺 母 蛇
죽일 살 / 어머니 모 / 뱀 사

'어미를 죽이는 뱀'이라는 무시무시한 뜻이에요! 하지만 절대 그렇지 않아요!

너 그렇게 무시무시한 녀석이었니??!!

아니야!! 오해라고!

원래 살모사는 '난태생'이라 알이 아니라 새끼를 낳는데, 새끼들을 낳고 힘이 없어 축 처진 어미 살모사를 본 옛날 사람들이 '독이 얼마나 세면 새끼들이 어미를 죽였을까?'라고 오해를 하면서 붙여진 이름이에요!

새끼들은 아주 신났구먼! 쯔쯔쯔 저런 못된 새끼(새끼 발음 주의^^;)

죽은거 아님 주의

아이고, 힘없어.

아이고 저런! 어미가 새끼를 낳고 죽었나 봐요!

사실은 새끼 살모사들은 어미를 물거나 죽이지 않고 몇 시간 동안 같이 머물다가 각자 흩어져서 독립된 생활을 한다고 하니, 이제는 살모사를 오해하지 않도록 해요!

후.. 정말 무시무시한 오해를 할 뻔했네. 미안해~ 살모사야!

이름은 이름일 뿐 오해하지 말자!

잘 살아~

엄마 안녕….

수달 vs 해달

비버 vs 뉴트리아

물개 vs 물범

돌고래 vs 범고래

듀공 vs 매너티

맹꽁이 vs 두꺼비

남생이 vs 붉은귀거북

큰입우럭 vs 쏘가리

낙지 vs 문어

일각돌고래 vs 청새치

여기는
바다가 좋고 물이 좋은

수서생물관

과연 외모만큼이나 성격도 귀여운지?
아니면 반전 매력이 있는지 한번 살펴볼까요?

 싱크로율 70%
구별 난이도 ★★★☆☆

 레츠 꼬우~

해달

먹이는 성게, 전복, 조개 등이야. **가슴에 돌을 올려놓고 딱딱한 조개를 내려쳐 먹는 거로 유명해!** 도구를 사용할 줄 아는 거지.

탁 탁

해달 슈퍼 파워!!

추운 북태평양 일부에서만 살아. 모피 때문에 수난을 겪기도 했지만 조금씩 숫자가 늘고 있어.

얼굴은 동그랗고 머리는 흰색 털이야.

앞다리 사이에 주머니가 있어. 먹이나 조약돌을 보관하지.

그루밍 그루밍

몸 크기는 95cm~150cm, 몸무게는 22kg~45kg 정도야.

매일 **몸무게의 25% 정도의 먹이를** 먹어야 추위를 이기며 살 수 있어.

← 의외로 피하 지방이 적어서 추위를 잘 타는데 두껍고 촘촘한 **이중** 털이 바닷물에 젖는 걸 막아 줘. 털 손질도 많이 하는데 털 사이로 공기층을 만들어야 물에 잘 뜰 수 있기 때문이래.

하나만 낳아서 잘 키우자!!

네 발은 짧고 뒷발엔 물갈퀴가 있어.

수달보다 털이 길고 풍성해. **풍성~풍성~풍성!**

♡ ♡ **핵귀용!**

 **외둥이**

아기 **해달**은 털이 다 자라지 않아서 물에 뜰 수가 없어. 생후 3개월까진 엄마 배 위에서 생활해.

잘 땐 파도에 휩쓸리지 않으려고 **해초를 몸에 칭칭 감고** 자. 근데 만약에 해초가 없다면? 다른 해달의 손을 잡고 자!

결정적 차이! 물에 엎드려 있으면 수달! 물에 바로 누워 있으면 해달!

수달과 해달은 물에 떠 있을 때 자세가 완전 달라요! **해달**은 쉴 때도 먹을 때도 잘 때도 바다 위에서 보내는 시간이 많아서 **배영을 하듯 누운 자세**로 있어요.

넌 배영 안 해?

하지만 **수달**은 사냥하거나 놀 땐 물속, 쉬거나 잘 땐 **땅에서 생활**해서 딱히 물 위에 누워 있을 필요가 없어요!

그리고 사는 곳도 너무 다른데, **해달**은 **바다에서** 주로 군중 생활을 하고

바다에 살고!

수달은 **강 주변에서** 가족끼리 생활을 해요.

강에 살아!

마지막으로, **먹이를 먹는 모습**도 달라요! 수달은 사냥한 물고기를 두 손으로 잡고 서서 먹지만, 해달은 가슴 위에 돌을 올려놓고 조개를 내려쳐서 먹지요!

물고기는 손으로 잡고 뜯어야 제맛이지. 히히

어쩍 어쩍

탁 탁

니들이 조개 깨먹는 손맛을 알어?

에그박사의 이상한 생물 상식!

수달이 제사를 지낸다고요?!

우리나라의 속담 중에 '**수달 제사 지내듯 한다.**'라는 속담이 있어요. 무언가 사방에 늘어놓을 때 쓰는 속담인데요, 이 속담이 대체 왜 생겼는지 한번 알아볼까요?

수달은 사냥할 때, **잡은 여러 마리의 물고기들을 근처 바위나 모래에 늘어놓는 습성**이 있어요. 거기다가, **앞발을 모아서 물고기를 먹는 습성** 때문에, 멀리서 보면 꼭 제사상에 물고기를 늘어놓고 기도하는 모습처럼 보여요.

그래서 옛날에는 수달이 효성스러운 동물로 여겨지기도 해서, 고전 소설인 『토끼전』에서도 수달이 제사하는 모습이 나온다고 하네요!

도대체 무엇 때문에 이렇게 극과 극의 대우를 받는지 한번 알아볼까요?

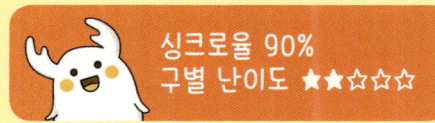
싱크로율 90%
구별 난이도 ★★☆☆☆

고고씽!

뉴트리아는 남미가 고향이야. 칠레, 아르헨티나에 주로 살아. 몸길이는 40cm~60cm, 꼬리는 22cm~42cm 정도, 비버랑 비슷해.

내가 그 낙동강 괴물 쥐다! 다 먹을 거야!

뉴트리아

털이 부드럽고 가벼워서 **모피** 때문에 우리나라에 들어왔다가 개체 수가 늘어나 농가에 막대한 피해를 주고 있어.

이빨은 눈에 띄는 오렌지색이고 굉장히 날카로워! 성질이 사나워 가까이 가면 물 수 있으니 조심!

몸 색깔은 갈색이야. 코와 입 주변은 흰털이 나 있어.

먹이는 강가의 부드러운 식물 줄기!

뒷발에만 물갈퀴가 있어.

꼬리는 가늘고 길어.

충격적 사실!

현상금 20000

잡으러 가야겠다.

지금은 우리나라에 뉴트리아가 많이 줄었다는데 그 이유는 바로 **포상금과 겨울의 추위, 뉴트리아의 천적 삵** 때문이야.

하천이나 연못의 둑에 구멍을 파고 군집 생활을 해.

에그박사의 이상한 생물 상식!

바닐라 향은 비버의 항문 냄새?!

혹시 바닐라 아이스크림 좋아하시나요?
그렇다면 이 글을 절대 읽지 마세요!
맛이 없어질 수도 있거든요!!

"양박사! 너 혹시 알고 먹는 거니?"

"왜?? 맛있는데!!"

왜냐하면… 바로… 바닐라 향은… **바닐라 향의 정체는 바로 '카스토레움(castoreum)'** 이라고 불리는 성분이라고 하는데요, **비버의.. 항문에서 추출하는 성분** 이라고 해요.

한마디로, 천연 향료지요. 하지만 **모든 바닐라 아이스크림에 카스토레움을 사용하는 것은 아니고**, 요즘은 동물 학대 논란 때문에 인공 합성 향료를 많이 쓴다고 하니 걱정하지 말고 먹어요!

ㅋㅋㅋ 우에엑

"ㅠㅠ 그래! 근데 맛있었어!"

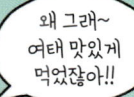
"왜 그래~ 여태 맛있게 먹었잖아!!"

103

그럼 이 귀여운 바다 사냥꾼 물개와 물범이 어떻게 바닷속을 누비고 다니는지 알아볼까요?

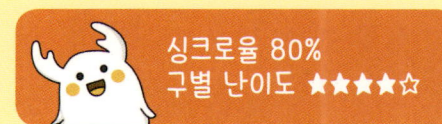
싱크로율 80%
구별 난이도 ★★★☆

히얼위고!

표범처럼 점무늬가 있어서 '**바다표범**'이라고도 해. 백령도에는 토종 물범인 '점박이물범'이 살고 있어.

"땅에 살면 그냥 범!"

"물에 살면 물범!"

물범

귓바퀴가 없어서 머리에 톡 튀어나온 게 없어.
→ 반질반질

몸길이 1.4m~1.7m, 몸무게는 82kg~123kg 정도야. **의외로 수중 포유류 중엔 제일 가벼워.** 주로 바닷가에서 살아.

먹이는 정어리, 명태, 오징어야. 귀여운 외모와 달리 작은 펭귄이랑 돌고래도 잡아먹어.

으악

최대 잠수 시간은 120분간이고 최대 잠수 깊이는 1,430m야. 더 깊이 잠수했었지만, 우리가 못 봤을지도….

뒷발은 퇴화하여 걷기보단 헤엄치기 좋게 발달했어.

쓰윽
꾸물

앞발은 털로 덮여 있고 **발톱**이 나 있어. 걸어 다닐 때도 앞발로 지탱해서 몸을 끌면서 기어 다녀. 얼음 썰매를 타듯이 말이야.

앞발은 거들뿐.

물범의 천적은 북극곰과 범고래야. 특히 범고래는 물범으로 공놀이를 즐긴다는 무시무시한 소문이….

105

결정적 차이! 귓바퀴가 있으면 물개! 귓바퀴가 없으면 물범!

물개와 물범의 가장 뚜렷한 차이는 바로 귀!!
물개는 귓바퀴가 튀어나와 있지만, 물범은 귓바퀴가 튀어나온 것 없이 뒤통수가 반질반질해요!

육지에서 움직일 때도 차이가 나는데요! 물개는 강아지처럼 앞다리와 뒷다리, 네 발로 걸어 다니는데, 물범은 배를 땅에 대고 고개를 들고 앞다리로 몸을 끌며 기어 다녀요!

마지막으로 바닷속에서 헤엄칠 때도 차이가 나요! 물개는 앞다리를 위로 들었다가 내리면서 앞으로 나아가요. 물범은 뒷다리를 들어 올렸다가 내리면서 앞으로 나아가요.

에그박사의 이상한 생물 상식!

귀염둥이 하프물범의 잔혹사

혹시 하프물범이라고 들어 보셨어요? 전 세계적으로 귀엽다고 소문난 물범이라 다큐멘터리, 광고 등 안 나오는 곳이 없지요.

와! 너 정말 귀엽다!

하프물범의 **하얗고 보송보송한 털은 아기 하프물범만의 특징**이에요. 어른이 되면 회색 털로 바뀌지요! 그러니까 솜뭉치 같은 하얀 털은 아기 하프물범만의 특권!

하지만 **이 하얗고 보송보송한 털 때문에** 많은 아기 하프물범이 캐나다에서 죽임을 당하고 있어요. **바로 모피 때문이죠.** 더는 인간의 욕심으로 어린 하프물범이 잔혹하게 죽임을 당하지 않기를 에그박사, 웅박사, 양박사가 기도해요.

더는 잔혹한 하프물범 학살은 안 돼!

오메가-3

이 둘은 바닷속에서 어떻게 살아가고
또 얼마나 똑똑한지 한번 알아보도록 해요.

싱크로율 60%
구별 난이도 ★★★☆☆

레고 레고~

범고래

하루에 새끼 바다사자 아홉 마리는 먹어 치우지.

'해변 돌진'이라는 권법으로 사냥해. 해변까지 나왔다가 순식간에 새끼 바다사자를 잡아먹는데 목숨을 담보로 한 **위험한 사냥법**이야.

깜짝이야!

등지느러미는 삼각형!

음파로 800m 떨어진 먹이도 파악할 수 있고 '딸깍딸깍'이라는 소리가 나.

잃어버린 형제?

돌고래처럼 숨구멍이 있어.

Hi~!

눈은 검은 바탕에 있어 멀리서 보면 눈이 없는 것처럼 보여! (잘 찾아보면 있어!) 타칭 **판다 고래**라고 불려.

가슴지느러미는 타원형.

몸 크기가 5m~8m, 몸무게는 8t 정도. 돌고래의 2배야.

얘, 뭐야? 나, 상언데!

앙

배와 눈 주위는 흰 무늬, 다른 곳은 다 검은색.

으아

꼬리는 **시속 56km**의 속도로 헤엄칠 수 있어. 바다에서 가장 빠른 포유류야.

주둥이는 짧고 둥글고 이빨이 있어. 이빨이 있는 **공격성이 많은 고래**야. 상어까지 잡아먹는 최상위 포식자지.

나는야~ 엄마 껌딱지!

무리 생활을 하는데 리더는 가장 나이 많은 암컷, 엄마야! 범고래는 죽을 때까지 어미와 붙어 다녀.

결정적 차이!

피부색이 그레이(Gray)면 돌고래!
블랙&화이트(Black&White)면 범고래!

돌고래와 범고래는 **몸 색깔**이 달라요!
돌고래는 몸 전체 색깔이 회색(gray)에 가깝지만, 범고래는 몸 색깔이 검은색과 흰색(black&white)으로 마치 정장을 연상시켜요!

그리고 **크기**도 아주 다른데요,

무리 생활을 하고 공격성이 강해서 '바다의 조폭'이라고 불리는 범고래가 돌고래보다 2배 정도 커요.

마지막으로, **식성**도 조금 달라요! 돌고래는 물고기나 오징어를 주로 먹지만 범고래는 그뿐만 아니라 **다른 고래나 물개, 물범, 북극곰, 바다사자** 같은 동물들도 다 잡아먹어요.
정말 범(=호랑이)고래라는 이름이 잘 어울리는 것 같네요!
무서운 녀석!!

먹는 것도 비슷하고 습성도 비슷한 이 둘!
과연 어떤 점이 다른지 알아볼까요?

싱크로율 90%
구별 난이도 ★★★★★

레츠 꼬우~

매너티

뿌직 뿌직

으아악

하루에 30kg~50kg 정도의 수초를 먹어 치우는 진공청소기! 똥도 어마어마해. 하루에 6kg~8kg이나 되는 똥을 싸!

윗입술은 반씩 갈라져 있어 집게처럼 사용해.

입 주위에 듀공처럼 **감각털**이 나 있어.

19℃면 너무 추워!

피부는 두꺼운 지방층을 가지고 있지만, 수온이 19℃ 이하로 내려가면 폐렴으로 죽을 수 있어.

몸길이 4.6m, 몸무게 650kg! 듀공보다 커! 강과 바다를 오가는데 주로 **유속이 느린 강**에서 살아.

꼬리는 둥근 **주걱 모양**으로 생겼어. 최고 24km의 속도를 낼 수 있어.

다 함께 치카치카해요! 치키 차카 차카 초코!

치카 치카

이빨 사이에 풀이 껴서 칫솔질한대. 질긴 풀 줄기를 이 사이에 끼고 꼭꼭 씹어!

충격적 사실!

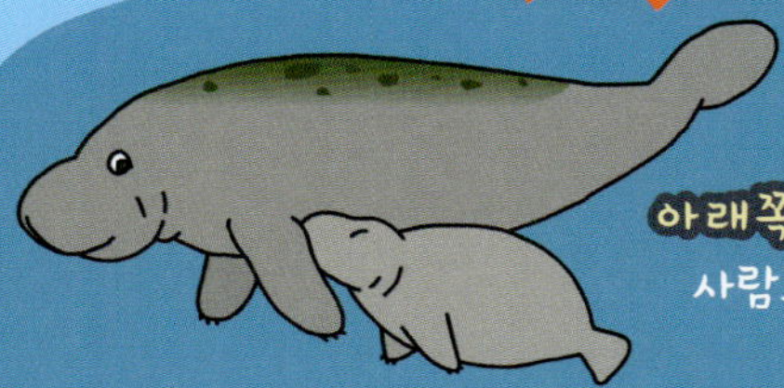

지느러미는 수영은 물론 물가로 기어 나올 때도 쓰여. 암컷은 지느러미 아래쪽에 젖꼭지가 있어! 사람으로 치면 겨드랑이에 젖꼭지가 있는 거지!

113

에그박사의 이상한 생물 상식!
지금은 사라진 바다소, 스텔러바다소!

듀공과 매너티의 친척 중에는 **스텔러바다소**라는 친구도 있었어요.
듀공과 매너티를 합친 크기의 **아주 큰 바다소**지요.

와~ 진짜 커요! 신기해요. 선장님!

아… 안녕?

뭐지? 이 신박한 생명체는?

하지만 사람들이 고기와 기름을 얻기 위해
스텔러바다소를 마구잡이로 사냥하는 바람에
발견한 지 27년 만에 멸종해서 다시는 볼 수 없어요.
성격도 듀공과 매너티처럼 온순하고 착했어요. 친구가 위험에 처하면 다 같이
도와줬는데 그 때문에 한꺼번에 잡기 쉬워 더 빨리 멸종한 거래요.

잘 있어. 인간들아!

미안해. 스텔러바다소야. 하늘나라에서 행복하게 살아!

세계에서 가장 빨리 멸종…

스텔러바다소의 '스텔러'는
스텔러바다소를 처음 발견한
사람의 이름이에요.

같은 양서류지만 이 둘은 어떤 차이점이 있는지 한번 알아보도록 해요!

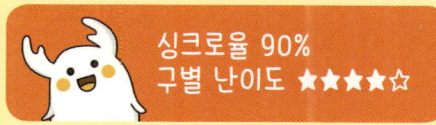
싱크로율 90%
구별 난이도 ★★★★☆

레고 레고~

두꺼비

"두껍아! 두껍아! 헌 집 줄게. 새 집 다오!"

"두꺼비야 고마워!"

"은혜는 갚아야죠."

"야식이 제맛이야!"

"이모~ 지렁이 추가요!"

낮엔 땅속에 있고 **밤이면 나와서 먹이를 잡아먹지.** 달팽이, 노래기, 지렁이를 잡아먹어!

옛날부터 **슬기롭고 의리 있는 동물**로 여겨졌고 두꺼비 노래도 지어 불렀어.

머리는 몸에 비해 **크고 넓어.**

눈 뒤끝부터 **검정 세로줄**이 있어.

추천 영상 Q!

몸은 갈색이고 등에는 **울퉁불퉁한 돌기**가 있어. 피부는 거칠고 건조해.

근육이 발달하지 않아서 점프하지 않고 **엉금엉금 기어 다니는 게 특징**이야!

"엉금 엉금"

"황소개구리 줄 알았는데…"

"난 독이 있는 두꺼비야!"

독이 있어서 사람이 먹으면 죽을 수도 있어. 실제로 황소개구리 줄 알고 먹었던 사람이 사망했다고 해.

깨알 상식!

개구리알 / 도롱뇽알 / 두꺼비알

알은 개구리알과 다르게 **길쭉하게 생긴 알주머니가 특징이야!** 도롱뇽알은 동그랗게 말려 있어.

결정적 차이!
머리에 혹이 없으면 맹꽁이! 머리에 혹이 있으면 두꺼비!

맹꽁이와 두꺼비, 비슷하게 생겼지만, 머리의 혹으로 바로 구분할 수 있어요! 머리에 혹이 있으면 두꺼비! 없으면 맹꽁이라고 보면 되죠!

머리 크기도 차이 나요. 맹꽁이는 몸이 통통하고 머리가 상대적으로 작아요. 주둥이도 작고 뾰족해서 날렵한 느낌이 나요. 두꺼비는 반대로 몸보다 머리가 커요. 특히 머리의 폭이 넓고 주둥이도 둥글어서 듬직한 느낌이 나지요.

몸 크기도 차이가 나는데요, 맹꽁이는 다 커도 5cm 정도지만 두꺼비는 다 크면 12cm도 넘는 우리나라에서 제일 큰 대형 개구리예요!

에그박사의 이상한 생물 상식! — 두꺼비는 황소개구리의 천적??

두꺼비가 황소개구리의 천적이라는 소문이 들리는데요! 왜 그런 소문이 생겼는지 한번 알아볼까요?

두꺼비뿐만 아니라 개구리들도 봄에 짝짓기하는데요! 이 시기에, 몸집이 큰 황소개구리를 암컷 두꺼비라고 착각한 수컷 두꺼비가 황소개구리 등에 올라타서 앞발로 조르기(?)를 한답니다!

하지만 알이 나오지 않는 황소개구리. 더욱더 두꺼비의 조르기는 세어지고…. 결국, 황소개구리는 숨을 못 쉬어 죽거나 두꺼비 피부에서 나오는 독 때문에 죽기도 해요. 하여튼 이런 황당한 일로 황소개구리의 천적이 두꺼비가 되었다는군요!!

인생 역전한 거북
남생이 vs 붉은귀거북

상반된 인생을 사는 거북이가 있어요! 남생이와 붉은귀거북! 같은 터전을 살아온 이들이지만 남생이는 보호종으로 귀한 대접을,

붉은귀거북은 찬밥 신세를 면치 못하고 있어요.
도대체 어떻게 된 일인지 함께 알아봐요!

싱크로율 90%
구별 난이도 ★★★★☆

무브 무브~

붉은귀거북

잘먹겠습니다!

우와! 뷔페다!

먹이는 작은 물고기, 새우, 지렁이, 개구리, 작은 곤충들 심지어 야채도 잘 먹는 **잡식성**인 거북이야! 아무거나 잘 먹는 먹보라고!

등딱지는 진초록색 바탕에 노란 줄무늬가 있어. 완만하게 구부러진 모양이야.

추천 영상 Q!

배딱지는 노란 바탕에 검은 무늬가 있어.

♀ ♂

앞 발톱이 긴 편인데 수컷이 2배 정도 더 길어서 이걸로 암수 구별을 해.

화장도 하고 다니니?

태어날 때부터 이런데!?!

원래 이렇다고!

여기가 코리아?

와우 반가워용! 한쿡~

알고 있니?

미국의 미시시피 계곡이 고향이야. 반려거북이로 귀한 대접을 받고 수입되었다가 지금은 생태계를 파괴해서 찬밥 신세가 되었지.

눈 옆에 있는 붉은 띠가 있어서 '붉은귀거북'이라 불러. 붉은귀거북의 포인트야!

121

결정적 차이!

눈 옆에 빨간 띠가 없으면 남생이!
눈 옆에 빨간 띠가 있으면 붉은귀거북!

비슷하게 생겼지만, 포인트만 알면 구별하기 쉬워요.
일단, 눈 옆에 있는 빨간색 무늬! 남생이는 눈 옆에 빨간 띠가 없지만, 붉은귀거북은 이름에 걸맞게 눈 옆에 빨간 띠가 있답니다!

등껍질 모양도 다른데,
남생이는 등딱지에 3개의 뼈가 세로로 솟아 나온 부분이 있어요.
하지만 붉은귀거북은 없죠!

마지막으로는 배딱지!

뒤집으면 남생이는 검은색을 띠고 있고

붉은귀거북은 노란 바탕에 군데군데 검은색 무늬가 있어요.
구별하기 차~암 쉽죠?

에그박사의 이상한 생물 상식!
온도에 따라 암수가 바뀐다?!

악어와 거북이, 도마뱀 같은 **파충류들은 부화할 때 온도에 따라서 성별이 결정**된다고 해요! 하지만 온도에 따른 암수 결정은 종류마다 조금씩 다른데요.

"친구들! 파충류들은 온도에 따라 암수가 결정된대요!"

"그럼 악어 가족과 바다거북 가족을 살펴볼까요?"

미시시피악어는 습하고 시원한 곳의 풀 둥지에선 암컷이 태어나고 **건조하고 더운 곳의 풀 둥지에선 수컷**이 태어나요. 과학자들이 연구해 본 결과 약 33℃를 기준으로 달라진대요!

"여보~ 날씨가 더우니 올해는 당신 닮은 씩씩한 아들들이겠어요."

"현재 기온은 33℃! 수컷일 확률이 매우 높아요!"

반대로 **바다거북은 따뜻한 햇볕이 내리쬐는 모래에선 암컷**이, **서늘한 모래에선 수컷**이 많이 부화한다고 하네요! 정말 신기하죠?

"어머! 귀여워라! 딸이에요!"

날씨가 좋아서 다 딸이겠네!

"그렇게 날씨가 좋더니^^ 딸부잣집이네요~"

그럼 이 빅마우스들이 하천에서 어떻게 살아가는지 한번 살펴볼까요?

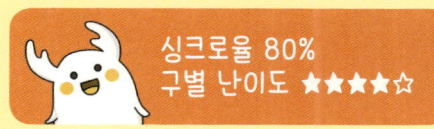
싱크로율 80%
구별 난이도 ★★★★☆

레츠 꼬우~

쏘가리

만지면 쏠 거야!

쏘가리는 50cm 이상 자라는 우리나라 토종 민물고기야! 입이 크고 다른 물고기를 잡아먹는 육식성이지! 바위가 많은 여울에 살아.

자갈에 알을 낳아. 4월 말부터 6월까지는 산란기라 쏘가리를 잡지 못하도록 보호하고 있어.

등지느러미는 위협을 받으면 가시를 세우지. 쏘가리라는 이름도 '쏘다'의 '쏘'와 '물고기'라는 뜻의 '가리'가 합쳐진 것이라고 해! 쏘이면 굉장히 아프니까 꼭 장갑을 끼고 만져야 해!

쏘가리는 귀하신 몸이란 말씀!!

난 깨끗한 물이 좋아!!

황색 바탕에 갈색의 호피 무늬가 있어서 '물속의 표범'이라고 해.

지금 필요한 건 빠른 스피드!

샥─

사냥하는 방식도 표범이랑 비슷한데, 큰 바위 밑에 숨어 있다가 다른 물고기가 지나가면 순식간에 나타나서 잡아먹고 사라져.

매운탕은 쏘가리지.
옳은 말씀!

살맛이 좋아서 '맛잉어'라고 불러.
매운탕, 회, 구이, 찜 등으로 먹으면 엄지척!

에그박사의 이상한 생물 상식!
황쏘가리에게 충격적인 출생의 비밀이?!

우리나라에는 그냥 **쏘가리**뿐만 아니라 **황쏘가리**도 살고 있어요! 사는 환경이 쏘가리랑 비슷해서 쏘가리와 함께 자주 눈에 띄지만, 생김새가 조금 달라요!

황쏘가리는 **쏘가리보단 좀 더 납작하고 몸 색깔이 황금색**인 것이 특징이에요! 한강에 살고 있으며 **천연기념물 제190호**로 지정될 만큼 귀한 물고기예요.

하지만 연구 결과…. **쏘가리와 황쏘가리는 다른 종이 아니라 같은 종**이었고! 쏘가리의 유전적 색 변이로 태어난 거래요! 그래서 이렇게 화려한 황쏘가리는 **안타깝게도 번식 능력이 없다**고 하네요.

다리도 똑같이 8개라 구별이 만만치 않은데요, 에그박사와 함께 알아보도록 해요.

싱크로율 60%
구별 난이도 ★★★☆☆

히얼위고!

문어

어마어마한 성장 속도다!
난 벌써 다 컸지롱!
쑥쑥
조개껍데기는 집 밖에 버려야지! 분리수거 철저!

가리비와 소라 껍데기가 흩어진 바위틈을 살펴보면 문어를 찾을 수 있어.

추천 영상 Q!

수명이 짧아서 3년~5년밖에 못 살아. 대신 빨리 자라는데, 먹이를 먹으면 영양분의 50% 이상을 몸에 흡수할 수 있기 때문이야!

눈은 눈 굴림도 가능하지만, 3m 앞은 잘 보지 못해.

몸길이는 약 3m 정도, 몸 색깔은 적벽색!

다리는 낙지와 같이 8개! 물론 흡반도 있어. 어디에 딱! 달라붙을 때 쓰이기도 하고 더 놀라운 것은 맛을 보는 감각도 있어. 밤에 사냥하는데 조개, 물고기, 심지어 작은 상어도 잡아먹을 수 있지!

훗! 껌이구먼.
어디 간 겨?? 분명 있었는디.
두리번 두리번
성공!
따돌렸다!!
키득키득
뭐여? 이 시커먼 거는? 연기여?
먹물 받아라!
큭

천적을 만나면 위장을 하거나 도망을 가는데 순식간에 먹물을 확 뿌려 시야를 가리고 후다닥 도망가지.

연체동물 중 가장 똑똑해! 개랑 비슷한 지능을 가졌어. 그거 아니? 문어는 뇌뿐만 아니라 다리에도 뉴런이 있어서 기억력도 좋다는 사실을. 미로 찾기도 할 수 있고 도구도 사용할 수 있어! 정말 신기하지?

카멜레온처럼 몸 색깔과 무늬를 자유자재로 바꿀 수 있어! 덕분에 천적들이 문어를 발견하기가 힘들어.

결정적 차이! 유독 두 다리가 길면 낙지! 다리 길이가 비슷하면 문어!

또 있지요! 바로 **다리 길이** 차이!
낙지는 유독 두 다리가 길쭉하지만, 문어는 다리 길이가 다들 비슷해요!
하지만, 문어가 자기 다리를 뜯어 먹기도 해서 길이 차이가 날 수도 있어요.

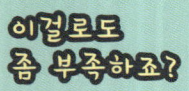

에그박사의 이상한 생물 상식!

독이 있는 문어, 파란고리문어!!

문어 중에서는 **굉장히 무서운 독을 가진 문어**가 있어요!! 그 주인공은 바로! 몸에 파란 고리 무늬가 있는 **파란고리문어**예요!

"드디어 내가 나올 차례군!"

파란고리문어는 '테트로도톡신'이라는 맹독이 있는데 청산가리 기준, 10배나 독하다고 해요. 이빨에 독이 있어서 코브라처럼 조금 떨어진 표적에 발사하기도 한대요.

"캬! 내 무늬가 화려한 이유는 독이 있어서야!! 가까이 오지 말라고!"

"내 독보다 1,000배 세다고?"

원래 열대 지방에 살았는데, 지구온난화 때문에 요즘 우리나라 제주도, 부산, 남해, 여수 등 남쪽 바다에서 보이기 시작해서 개체 수가 점점 늘어나고 있다고 해요! 우리 모두 파란고리문어를 조심합시다!!

"여러분! 여름철 해수욕할 때 파란고리문어는 절대 절대 만지면 안 돼요!"

"거기 서라!"

살짝궁 생소하고 그래서 더욱 신비한 바닷속 외뿔 거대 생명체들의 생활 속으로 출발!

싱크로율 60%
구별 난이도 ★★★☆☆

고고씽!

"생각보다 좀 크다…."

"내 등에 탈래??"

청새치

청새치는 따뜻한 인도양, 태평양의 열대 바다에 살아! 봄이나 여름쯤 우리나라 제주도, 남해에서도 발견되기도 해.

등지느러미는 몸통 높이만 해.

물속의 검투사?

몸길이는 4.5m, 몸무게는 900kg까지 나가는 어마무시한 물고기야.

주둥이는 뾰족하고 **위턱**은 끝이 창처럼 뾰족하고 길쭉한 것이 특징이야. 뾰족한 위턱으로 먹이를 찔러 사냥할 것 같지만, 날이 날카로워 검처럼 마구 휘둘러서 사냥해! '물속의 검투사' 같은 느낌이야!!

코발트 빛 세로줄 무늬가 나 있어.

"청새치 검무!!!"

"잡히면 죽는다!!"

"나 잡아 봐라~"

"잡을 테면 잡아 봐~"

"헉 헉"

"헉 헉"

"잡을 수가 없다!"

쌩-

먹이는 멸치, 정어리, 고등어, 꽁치 등 무리를 지어 다니는 물고기를 좋아하는데, **물고기 떼를 보면 돌진**하지.

날렵한 몸매를 가진 청새치는 수영 속도도 **물고기 중에서 가장 빠라!** 시속 110km까지 속도를 낼 수 있는 엄청난 스피드를 장착했지! 너무 빨라서 천적인 범고래나 상어들도 청새치를 잡아먹기 힘들다고 해.

결정적 차이! 엄니가 뾰족하면 일각돌고래! 위턱이 뾰족하면 청새치!

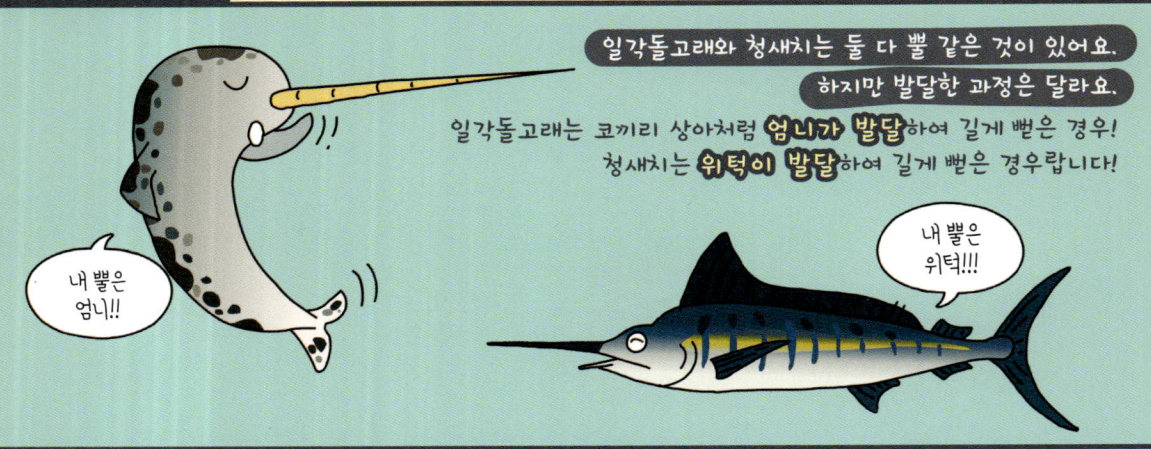

에그박사의 이상한 생물 상식!

위험천만한 청새치 낚시!

크고 멋있고 빠른 청새치를 낚는 것은 엄청난 모험이고, 굉장히 힘들기 때문에, **낚시꾼들의 꿈이라고 해요!**

청새치는 힘이 엄청 세고, 다른 물고기랑은 다르게 똑똑해서 낚싯바늘에 걸려도 혼자 힘으로 뺄 수 있고, 입천장이 두꺼워서 낚싯바늘이 제대로 박히지 않는다고 해요!

또, 만약 낚시에 성공해서 배에 올린다고 해도 청새치의 무기인 뾰족한 위턱을 마구 휘둘러서 사람들을 위협한 후 도망간다고 하네요!

청새치는 이렇게 엄청 똑똑하고 무서운 물고기예요!

지음 에그박사
재미있고 유익한 자연 생물 콘텐츠로 사랑받는 인기 키즈 크리에이터로, 에그박사, 양박사, 웅박사가 뭉쳐 신비한 생물을 유쾌한 영상으로 담아내고 있습니다.

그림 유남영
만화를 전공하고 캐릭터 디자이너 겸 일러스트레이터로 활동 중입니다. 『둥글둥글 지구촌 인권 이야기』, 『지구에서 절대로 사라지면 안 될 다섯 가지 생물』 등 많은 책에 멋진 그림을 그렸습니다.

지은이 에그박사(웅박사: 김경민, 에그박사, 양박사) | 그린이 유남영
펴낸이 정규도 | 펴낸곳 (주)다락원

초판 1쇄 발행 2020년 9월 28일
8쇄 발행 2025년 6월 17일

편집총괄 최운선 | 기획편집 김지혜
디자인 조성미

다락원
주소 경기도 파주시 문발로 211
내용문의 (02)736-2031 내선 272
구입문의 (02)736-2031 내선 250~252
Fax (02)732-2037
출판등록 1977년 9월 16일 제406-2008-000007호

Copyright ⓒ 2020, 에그박사

저자 및 출판사의 허락 없이 이 책의 일부 또는 전부를 무단 복제·전재·발췌할 수 없습니다.
구입 후 철회는 회사 내규에 부합하는 경우에 가능하므로 구입 문의처에 문의하시기 바랍니다.
분실·파손 등에 따른 소비자 피해에 대해서는 공정거래위원회에서 고시한 소비자 분쟁 해결 기준에 따라 보상 가능합니다.
잘못된 책은 바꿔 드립니다.

ISBN 978-89-277-4758-1 73490

http://www.darakwon.co.kr
다락원 홈페이지를 통해 인터넷 주문을 하시면 자세한 정보와 함께 다양한 혜택을 받으실 수 있습니다.